本书编委会

顾　问：屈哨兵　魏明海
主　任：吴开俊
副主任：黄志凯
编　委（按姓氏笔画排序）：

方建平　付　艳　　白鹤云飞　李睿贤　李　慧
李　黎　李燕冰　　吕延明　　朱晓军　刘小燕
刘　军　刘军军　　刘晓亮　　杨春荣　肖杏烟
何瑞豪　孟　强　　张　立　　张志明　张俊业
陈宇红　陈　媛　　周　云　　周世慧　周　臻
胡艳芝　钟日来　　逄淑军　　谢　玲　廖　勇
蔡琼生

GUANGZHOU DAXUE "WUSHI YIZHAN"
YUREN KONGJIAN JIANSHE DIANXING ANLI JI

广州大学"五室一站"
育人空间建设典型案例集

顾　问：屈哨兵　魏明海
编　著：吴开俊　黄志凯

广东高等教育出版社
Guangdong Higher Education Press
·广州·

图书在版编目（CIP）数据

广州大学"五室一站"育人空间建设典型案例集/吴开俊，黄志凯编著.
—广州：广东高等教育出版社，2020.12
ISBN 978-7-5361-6917-3

Ⅰ.①广… Ⅱ.①吴…②黄… Ⅲ.①广州大学-人才培养-案例 Ⅳ.①G649.2

中国版本图书馆 CIP 数据核字（2020）第 227418 号

出版发行	广东高等教育出版社
	社址：广州市天河区林和西横路
	邮编：510500　营销电话：（020）87554152　87551163
	http://www.gdgjs.com.cn
印　　刷	广州市穗彩印务有限公司
开　　本	787 毫米×1 092 毫米　1/16
印　　张	12.25
字　　数	308 千
版　　次	2020 年 12 月第 1 版
印　　次	2020 年 12 月第 1 次印刷
定　　价	32.00 元

（版权所有，翻印必究）

序 言

　　学生宿舍区是学生生活、学习、交往的重要场所，是他们人格完善、修养提升与气质修炼的重要舞台，是大学生陶冶高尚情操、修炼良好品行、培养健全人格的"第二课堂"和对学生进行思想政治教育和素质教育的重要阵地。中共中央国务院在《关于进一步加强和改进大学生思想政治教育的意见》中也明确指出，要高度重视大学生生活社区、学生公寓等的思想政治教育工作，发挥大学生自身的积极性和主动性，增强教育效果。对于高校而言，人才培养是我们的根本任务，培育高素质人才是高校党委的主要职责。学校党委一直高度重视学生宿舍区育人平台的重要作用，早在2006年学校党委就颁布了《广州大学学生思想政治教育工作进公寓的若干意见》，2008年又颁布了《关于实施领导干部联系学生班级与专任教师值班工作的通知》。

　　为适应形势发展要求，针对人才培养工作中遇到的新情况、新问题，2012年根据省委、市委组织部的统一部署及市委组织部《关于实施抓基层党建创新"书记项目"的通知》（穗组通〔2012〕12号）精神，结合我校实际，学校党委印发并实施了《拓展"三全"育人，培育高素质人才——广州大学党建创新"书记项目"实施方案》。方案明确提出"拓展育人范畴，搭建全方位育人新平台"的任务，要求重点推进党建工作进学生公寓、进学生社团，建立公寓、社团党建工作与院系、班级党建工作联动机制，拓展基层党组织育人平台，充分发挥学生党员的作用，促进学风、校风建设。方案第一次明确提出"五室一站"概念，即党团活动室、综合阅览室、互助学习室、专业辅导室、休闲康体室、心情驿站。

　　2012年9月，我校学生党建工作站、社区服务站揭牌暨"五室一站"开放仪式在B12举行，由土木工程学院牵头在B12定点开展学生党建工作站、社区服务站和"五室一站"的试点工作。2013年"五室一站"建设不断推进，又有7栋宿舍按照B12栋

"五室一站"建设标准完成了硬件设施建设。同时,"构建'五室一站'学生宿舍党建服务新模式"入选2013年广东省委教育工作委员会党建创新"书记项目"。2014年,19栋宿舍楼建成"五室一站"。2015年,学校大学城校区24栋宿舍楼全部建立起"五室一站"。

本书汇集我校学生宿舍各楼栋的案例论文,以"党团建设""立德树人""文化涵养""人心向学""强心健体"五个部分,围绕"德才兼备、家国情怀、视野开阔,爱体育、懂艺术,能力发展性强"的人才培养目标,建构全员育人、全过程育人、全方位育人的大格局,形成了学生社区思想育人、文化育人、制度育人、行为培养和品格培育的育人机制,提升学生思想道德素质和综合素质,丰富有品质的校园生活内涵,产生教育合力,形成"一楼一特色"广大模式。案例作者大多数是负责"五室一站"管理的一线辅导员,本书凝结了他们对"五室一站"工作的智慧与思考。

希望本书所编案例能为省内高校或科研机构科研人员从事学生第二课堂建设或管理育人相关研究提供前期研究基础及参考。由于时间仓促,书中难免有错误和不妥之处,望广大读者批评指正。

2020年4月

目 录

◎ 党团建设

"五室一站"党建进公寓实践育人工程 　　　　　　　　　广州大学党委 / 3

梅苑4栋"五室一站"工作案例
　　——红色谷琶魅力党建 　　　　　　　公共管理学院　谢玲　刘雨丝 / 8

兰苑2栋"五室一站"工作案例
　　——学经典，显特色，共筑"同心圆" 　　　　生命科学学院　黄兆锋 / 17

竹苑1栋"五室一站"工作案例
　　——党团引领、生活养成、专业融通、舍友同行　　经济与统计学院　刘源 / 23

菊苑4栋"五室一站"工作案例
　　——知行合一，党建育人 　　　　　　　　　地理科学学院　罗增幸 / 32

梅苑9栋"五室一站"工作案例
　　——先锋"翼"计划 　　　　　　　　　　　　　旅游学院　李佩雯 / 37

◎ 立德树人

梅苑6栋"五室一站"工作案例
　　——名师引领，助力成长 　　　　　　　　　马克思主义学院　马娟 / 47

梅苑7栋"五室一站"工作案例
　　——环保点缀生活，倡导绿色生活 　　环境科学与工程学院　周傲白雪 / 52

兰苑 1 栋 "五室一站" 工作案例
　　——构建"立德树人，普法助人"社区空间　　　　法学院　徐珏 / 59

兰苑 3 栋 "五室一站" 工作案例
　　——阅读经典，传承文化，启迪心灵　　建筑与城市规划学院　林舒莹 / 65

菊苑 2 栋 "五室一站" 工作案例
　　——引领校园垃圾分类新时尚，争做新时代环保先锋
　　　　　　　　　　　　　　　　　　　物理与电子工程学院　叶忱 / 72

◎ 文化涵养

梅苑 2 栋 "五室一站" 工作案例
　　——非遗传承，党员先行　　　　　　美术与设计学院　张俊业 / 77

梅苑 5 栋 "五室一站" 工作案例
　　——成长艺术加油站　　人文学院　邹艳玮　音乐舞蹈学院　廖争荣 / 84

梅苑 8 栋 "五室一站" 工作案例
　　——浸润红色经典，坚定文化自信　　　　　人文学院　吕延明 / 92

竹苑 3 栋 "五室一站" 工作案例
　　——"繁星—瀚海"红色阅读汇　　　　工商管理学院　孙碧菡 / 101

竹苑 4 栋 "五室一站" 工作案例
　　——赏析经典，传承文化　　　　　新闻与传播学院　谭丰云 / 110

兰苑 4 栋 "五室一站" 工作案例
　　——涵养核心舍区文化，嘹亮时代青春之声　　化学化工学院　王雅丽 / 114

兰苑 5 栋 "五室一站" 工作案例
　　——传承经典，国学讲堂　　　　数学与信息科学学院　郭翠敏 / 124

广州大学易班发展中心工作案例
　　——"易"春风化雨融入，"班"润物无声育人
　　　　　　　　　　　　　　　　　　学生处（学生工作部）　葛泽胜 / 133

◎ 人心向学

梅苑 10 栋 "五室一站" 工作案例
　　——"齐学英材，共进朋辈"英语训练营　　外国语学院　陈远明 / 141

梅苑 1 栋"五室一站"工作案例
　　——本硕联动，职达梦想　　　　　　　　　　研究生院　梁定超 / 145

竹苑 2 栋"五室一站"工作案例
　　——五大工程打造人心向学公寓　　　　　土木工程学院　胡忠燊 / 151

菊苑 3 栋"五室一站"工作案例
　　——弘扬人心向学传统，建设科技创新风采　机械与电气工程学院　刘博财 / 160

竹苑 5 栋"五室一站"工作案例
　　——以专业来引领，在实践中成长
　　　　　　　计算机科学与网络工程学院　冯晖艳，胡鉴源，李小华 / 164

◎ **强心健体**

梅苑 3 栋"五室一站"工作案例
　　——彰显教院优势，关爱心灵健康成长　　　　教育学院　龚美 / 171

菊苑 5 栋"五室一站"工作案例
　　——"生命因运动而精彩"健康运动拓展营　　体育学院　刘忠彪 / 176

第一篇 党团建设

"五室一站"党建进公寓实践育人工程

广州大学党委

广州大学是以国家重要中心城市"广州"命名的综合性大学，现有在校全日制学生34 241人，共有党员6 045人，其中学生党员2 498人。广州大学在推进高水平大学建设进程中，充分发挥党组织的战斗堡垒作用、政治核心作用、思想引领作用，使基层党组织成为师生最贴心、最信赖的组织依靠，成为学校教书育人的坚强战斗堡垒，学生成长成才的坚强后盾。学校以"德才兼备、家国情怀、视野开阔，爱体育、懂艺术，能力发展性强"作为人才培养目标，把思想政治教育和创新创业教育融入人才培养全过程，以习近平新时代中国特色社会主义思想为引领，以不断解放思想、改革创新为动力，牢牢抓好党建工作，全面推进党的建设，培养德智体美劳全面发展的社会主义建设者和接班人，打造有品质的大学教育，实施"五室一站"党建进公寓实践育人工程。

一、主要做法

学校围绕"聚平台、响内容、显成效、亮品牌"的工作目标，紧抓机制建设、阵地建设、队伍建设和内涵建设。

一是紧抓机制建设，强化保障体系。学校成立学生公寓党建工作指导委员会，由学校党委书记任主任，学校分管党建工作、学生工作、教学工作、后勤工作的校领导任副主任，组织部、学生处等相关职能部处负责人及各学院党委领导任委员，对"五室一站"党建进公寓进行顶层设计和推进部署。在每栋学生公寓中设立一个"党建工作办公室"和"舍区服务办公室"，由负责学院分管学生工作的领导担任"党建工作办公室"主任，由学院学工办主任担任"舍区服务办公室"主任，负责楼栋"五室一站"党建进公寓的具体指导。楼栋学生党员、入党积极分子、楼层长、学生组织干部组成工作团队，负责"五室一站"党建进公寓的活动策划和组织实施。学校还建立了

"五室一站"党建进公寓激励机制，每年对工作突出的先进学院、标兵宿舍以及先进个人进行评选和表彰奖励。学校2018年11月在各楼栋共成立146个学生党小组，以进一步健全学校基层学生党组织，充分发挥学生基层党组织的堡垒作用，开创学院与公寓学生党建工作协同发展新局面。

二是紧抓阵地建设，强化资源供给。学校坚持"因地制宜、合理布局、功能完善、环境优雅"的原则，抓好"五室一站"阵地建设，积极争取市财政局专项支持。自2012年9月起，先后共投入700余万元资金，在大学城校区学生公寓楼栋建设"五室一站"，安装配备空调、投影仪、电脑、电视等设备设施，根据各功能房的需要，配齐活动物资、书籍刊物、运动器材等，学校每年安排专项经费保障"五室一站"日常运行。学校坚持线上线下相结合的原则，不断拓宽"五室一站"的管理服务和宣传渠道，利用学校官网、学院网站、微信公众平台、微信群、QQ群、易班网络思想政治教育平台、宿舍宣传栏，形成线上线下良性互动、相得益彰的生动局面。

三是紧抓队伍建设，强化精细管理。学校学生工作部门配备专职干部负责"五室一站"的建设，各学院领导、学生工作队伍、专任教师协同参与，组建科学合理的工作团队，形成党员骨干、入党积极分子和学生干部广泛参与的工作格局。充分发挥学生党员、学生干部的先锋模范作用，调动学生"自我教育、自我管理、自我服务、自我监督"的积极性，积极开展贴近学生、贴近生活、贴近实际的主题教育活动，把学生党员和骨干培养成党的路线、方针和政策的"宣传员"、了解学生思想动态的"信息员"、协助管理宿舍的"助理员"、沟通学生情感的"联络员"。实现教育管理服务精细化，共同打造有品质的校园生活，全面拓展"三全育人"内涵。

四是紧抓内涵建设，强化育人效果。学校依托"五室一站"，坚持打造有品质的校园生活，紧抓内容供给，潜移默化，润物无声，不断提升学生思想道德素质和综合素质。

注重厚植学生爱国主义情怀，通过学校党委书记、校长以及全校二级学院党委书记、院长为学生讲授"思政第一课"；广泛开展"弘扬长征精神、坚定理想信念"——纪念长征胜利80周年活动；开展43场"读原著、学经典、做表率"系列读书活动。购置红色经典读物近4 000册，带动1 000多名学生党员参加读书活动，服务学生近26 500人次。让爱国主义精神在学生心中牢牢扎根，教育引导学生热爱和拥护中国共产党，立志听党话、跟党走，立志扎根人民、奉献国家。

注重加强学生品德修养，通过中华经典诵读、经典百书阅读等活动弘扬优秀传统文化加强学生品德修养；通过"辅导员有约"等活动，经常性开展品德修养教育；通过组织"五室一站"学生党员团员利用寒假时间，到乡镇社区开展党团共建、基层调研和实践服务等活动，来自11支不同队伍的143名党员团员，举办了26场公益服务活动，服务社区居民千余人；教育引导学生培育和践行社会主义核心价值观，踏踏实实修好品德，成为有大爱大德大情怀的人。

注重增长学生知识见识，校院领导、专任教师、学工队伍常态化参与到"五室一站"党建进公寓的各项活动中；通过开展510场次党员学习帮扶行动，带动24 000人次的学习结对帮扶；通过"第二校园访学"分享，由同学们分享部分一流大学的学习与生活，开阔同学们视野；通过开展"名师大讲堂"等学生喜闻乐见的形式进行思想引领、学业帮扶、心理疏导，与同学们探讨成长成才话题，教育引导学生珍惜学习时光，心无旁骛求知问学，增长见识，丰富学识，沿着求真理、悟道理、明事理的方向前进。

注重培养学生奋斗精神，通过设立党员示范岗，把党建理论所学运用于服务学生的实践中，提升了学生党员的政治意识、责任意识和担当意识；通过宣讲"三支一扶""西部计划"政策，组织同学们到西部去、到基层去、到祖国最需要的地方去，艰苦奋斗，投身支教、支农、支医以及扶贫工作。教育引导学生树立高远志向，历练敢于担当、不懈奋斗的精神，使学生具有勇于奋斗的精神状态、乐观向上的人生态度，做到刚健有为、自强不息。

注重增强学生综合素质，通过开展文艺、体育、中华经典诵读进公寓舍区等活动，带动提升了学生文化素养；通过开展"创新 创意 创业"活动，教育引导学生培养综合能力和创新思维。

注重树立学生健康第一的教育理念，结合学校大力倡导的"走下网络、走出宿舍、走向操场"的倡议，通过在休闲康体室开展健身培训、瑜伽练习等，让同学们在宿舍区就可加强体育锻炼；通过在心情驿站开展心理疏导、团队辅导，让同学们保持健康的心理。学生们在体育锻炼中享受乐趣、增强体质，在心理辅导中健全人格、锤炼意志。

注重学生美育教育，通过为全校师生提供专业学习和推广、传播艺术的实践平台，采用理论和实操相结合的方式，广泛传播剪纸、扎染、彩绘、摄影、陶艺、篆刻、书法等技艺；通过组织雅室大赛带领全体学生创建文明宿舍，共建有品质的居住环境，坚持以美育人、以文化人，提高学生审美素养和人文素养。

注重在学生中弘扬劳动精神，通过开展"学生党员先锋行动"，组织2 000余名学生党员参与党员公寓、党员文明、党员学习、党员实践等系列先锋行动，带领同学开展宿舍卫生大扫除、防控登革热、垃圾分类等行动，大力推进建设有品质的校园生活，教育引导学生崇尚劳动、尊重劳动，懂得劳动最光荣、劳动最崇高、劳动最伟大、劳动最美丽的道理，能够做到辛勤劳动、诚实劳动、创造性劳动。

二、实践成效

广州大学自开展"五室一站"党建进公寓实践育人工程以来，取得了阶段性成效，探索出高校党建进公寓实践育人的"广大模式"，着力打造有品质的校园生活。"五室一站"逐渐打造成学校党建工作的新阵地、学生思想教育的新平台、学风建设的新抓手、服务同学们成长成才的"学生之家"，成为广州大学党建工作和学生工作的响亮品牌和靓丽名片。

一是平台"聚"起来。通过"五室一站"党建进公寓实践育人工程的示范带动，学校领导干部联系班级、专任教师值班、"千千工程"等学校项目有效延伸到公寓，平台聚集了学生党建工作团队资源、学生思想教育团队资源、学生学业和综合发展团队资源、学生心理疏导团队资源和学生自我管理服务资源等，聚集效应不断凸显，以满足学生成长发展需求和期待，着力提升思想政治教育的亲和力和针对性。

二是内容"响"起来。通过实施"五室一站"党建进公寓实践育人工程，在广泛开展"两学一做"教育实践、"学生党员先锋行动"、"读原著、学经典、做表率"系列读书活动等教育实践的基础上，开展学生思想政治教育"立德树人工程""人心向学工程""筑梦飞翔工程""强心健体工程""文化涵养工程"五大工程，实施"一院一品""一楼一特色"，第二课堂与第一课堂有机衔接，完善服务学生发展成才的工作体系，进一步强化思想引领，力求学生思想教育工作因事而化、因时而进、因势而新。

三是成效"显"出来。通过实施"五室一站"党建进公寓实践育人工程，基层党组织战斗堡垒作用和共产党员先锋模范作用得到更加有效地发挥，师生党员自觉用习近平新时代中国特色社会主义思想武装头脑，做到在党爱党、在党言党、在党为党，做到学用结合、知行合一，牢固树立"四个意识"和"四个自信"，教育引导广大学生把社会主义核心价值观内化于心、外化于行，为实现中华民族伟大复兴的中国梦而不懈奋斗。学生的思想水平、政治觉悟、道德品质、文化素养不断提高；学生读原著、学经典、爱体育、懂艺术蔚然成风，"人心向学"的优良学风日渐浓厚，优良学风班集体和文明宿舍数量逐年增加；打好"广大底色"，努力成为德智体美劳全面发展的社会主义建设者和接班人成为广大学子的共同追求。

四是品牌"亮"起来。通过"五室一站"党建进公寓实践育人工程培育，学校在广东省教育厅举办的"我的中国梦"——"立志·修身·博学·报国"主题教育系列比赛中共获得奖项66项，连续多次获得优秀组织奖。学校"五室一站"项目先后获评"广州基层服务型党组织的阵地建设研究"重点调研课题成果、广东省高校思想政治教育工作创新项目、广东省高校学生事务精品项目、广东高校校园文化建设优秀成果二等奖。"五室一站"逐渐成为广州大学党建工作和学生工作的响亮品牌和靓丽名片，目前已超过30所兄弟院校和上级有关部门，到"五室一站"考察参观和学习交流，人民网等媒体进行宣传报道。

三、启示思考

（一）加强和改进学校党建工作，要不断创新体制机制，改进工作方式

加强和改进学校党建工作，要深化改革创新，不断加强制度建设，夯实基层基础，凝聚学校内涵发展的强大动力，要因事而化、因时而进、因势而新，及时转变工作思路和方式，有效整合资源，立足学校实际和学生需求，打造思想政治工作品牌，创新思想政治工作方式，把新形势下高校学生党建工作做实做细。

（二）加强和改进学校党建工作，要不断提升思想政治工作实效，牢牢把握立德树人根本任务

加强和改进学校党建工作，要突出思想政治，牢牢把握立德树人根本任务，牢牢抓住全面提高人才培养能力这个核心点，以社会主义核心价值观为引领，把加强和改进思想政治工作作为主线贯穿到学校各方面工作之中。要精心培养和组织一支会做思想政治工作的政工队伍，把思想政治工作做在日常、做到个人，要落实"十大育人"体系，实现全员育人、全过程育人、全方位育人，发挥优势、强化特色、创新发展，提升思想政治工作实效。

（三）加强和改进学校党建工作，要不断加强教育阵地建设，充分发挥党组织的战斗堡垒作用

加强和改进学校党建工作，要不断加强教育阵地建设，做到有学生的地方就有党组织，使党员"活动上有阵地、政治上有舞台"，扩大党组织的覆盖面、影响力，充分发挥党组织的战斗堡垒作用。坚强的阵地有利于开展大学生党建综合教育，同时可以传递大学精神、陶冶高尚情操、修炼良好品行、培育优良学风、培养健全人格。不同党建平台、阵地相互配合，不仅可以形成党建教育合力，而且可以在学生党建工作中产生极化效应，通过党建教育保障人才培养，通过人才培养促进党建教育，形成良性循环。

梅苑 4 栋 "五室一站" 工作案例
——红色谷琶[①]魅力党建

公共管理学院　谢玲　刘雨丝

广州大学是育德育人的摇篮，公共管理学院梅苑 4 栋 "五室一站" 始终高举中国共产党的伟大旗帜，围绕社会主义核心价值观，以 "三全育人理念" 及 "立德树人" 为目标，结合广州大学 "德才兼备、家国情怀、视野开阔，爱体育、懂艺术，能力发展性强" 的人才培养方案，集思广益、精心设计，确立 "红色谷琶 魅力党建" 这一特色项目，稳步实施了一系列党建育人活动。在具体的育人实践中，公共管理学院本科党支部党员学习能力发展较快，不仅诞生了三名优秀的保研同学，还通过榜样的事迹渲染了不少未入党的优秀本科生，形成了 "人心向学、初心向党" 的良好氛围。

一、育人理念

梅苑 4 栋 "红色谷琶 魅力党建" 以优质的党建活动感染人、启发人、培养人、塑造人，将社会主义核心价值观作为思想引领，依据三全育人理念，以立德树人为核心，将广州大学人才培养目标与党建育人工作相结合。

习近平总书记在全国教育大会上指出："培养什么人，是教育的首要问题。"梅苑 4 栋以社会主义核心价值观作为思想引领，不仅坚定不移地践行培养社会主义建设者和接班人这一目标，而且重视引导学生用社会主义核心价值观武装头脑。

三全育人指的是全员、全过程、全方位育人。这为舍区党建活动提供了科学的育人体系参考，梅苑 4 栋 "五室一站" 的工作和活动已初步建构出 "全员育人" 的模式和体系：即公共管理学院领导高度关注，教师亲临指导，学生组织积极参与，后勤协

[①] 谷琶为广州大学公共管理学院中文简称。

同配合。梅苑4栋"五室一站"将党性教育与生活区的各项活动有机结合起来,打通各个环节,形成了全过程党建育人,并充分利用好广州大学的各种教育资源,把握时机,力求将育人教育覆盖到方方面面。

广州大学人才培养目标是"德才兼备、家国情怀、视野开阔,爱体育、懂艺术,能力发展性强"。梅苑4栋作为广州大学舍区的一分子,对达成广州大学人才培养目标捐有一份责任。

二、要解决的问题

梅苑4栋"五室一站"成员在深刻认识和分析当前党建工作、活动开展存在问题的基础上,提出着力通过"红色谷琶 魅力党建"系列活动解决学生学习能力拓展不够、党建工作辐射面不广,党建活动育人成效不突出、先锋模范作用发挥有限等问题。

三、预期目标和方法设计

(一)预期目标

通过一系列党建育人活动,学生的学习能力和党性修养均稳步提高,最终培养出一批党性修养高、学习成绩优、科研能力强的优秀学生党员。同时选择利用学校的各种资源将优秀党员的先锋模范事迹进行宣扬,将其事迹影响拓展到非党员群体中,在学院里和宿舍楼栋中形成"人心向学、初心向党"的良好氛围。

(二)方法设计

在党建育人活动中践行立德树人。梅苑4栋"五室一站"成员将立德树人的过程分成三个环节:立德—提能—树人,通过党建活动提升学生的德行和能力,充分发挥育人实效。如图1所示。

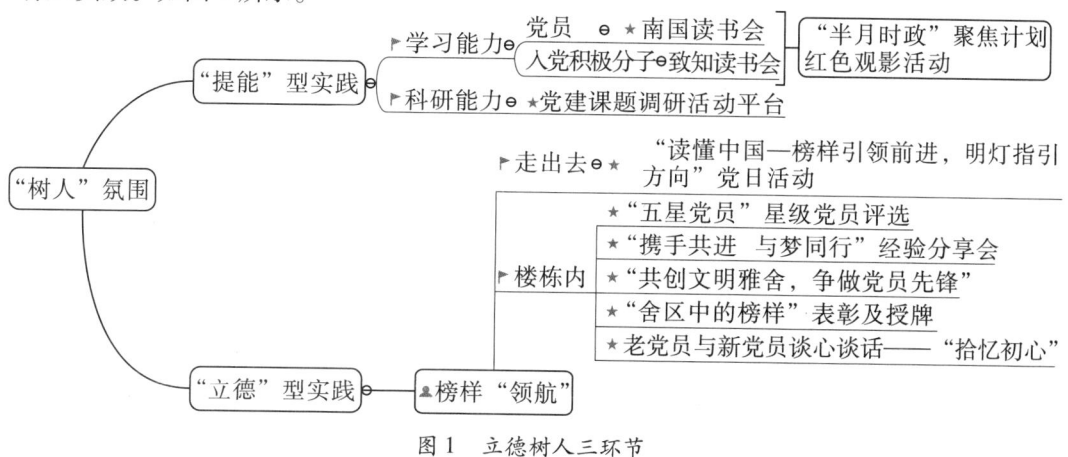

图1 立德树人三环节

在"立德"型活动中,主要通过"榜样"的力量,进行道德和党性培养。在"提能"型活动中,直接通过活动着重培养学生学习、科研能力。通过将"立德"型和"提能"型活动相结合,使营造出来的育人氛围形成一种文化,对学生产生持续的影响,成为激励学生奋进的"谷琶力量"。

四、梅苑 4 栋"五室一站"的育人实践

(一)"立德"型实践:榜样"领航",用鲜红的事例和素材激励和感染学生

公共管理学院梅苑 4 栋"五室一站"着力通过党建活动树立身边的榜样,如:在楼栋内部,开展五星党员评选、"携手共进 与梦同行"优秀党员经验分享、"谷琶勤手"党员先锋实践、"舍区中的榜样"授牌仪式、"拾忆初心"交流栏目;走出楼栋和校园,开展"读懂中国—榜样引领前进,明灯指引方向"党日活动。充分发挥榜样的价值引领、目标激励、行为示范、教育感化等作用。

1. "五星党员"党员评选,形成学习先进、争当先进的良好风气

结合党员民主评议开展"五星党员"星级党员评选活动,并且在梅苑 4 栋"五室一站"设立"红星闪耀——党员荣誉榜",注重发现、树立、宣传师生身边的典型人物、典型事迹。星级党员的评选是在践行广州大学 24 字人才培养目标的基础上,结合公共管理学院的人才培养方案,培养选拔出了一批有理想、有党性、学习能力强、具有公共服务精神的德才之星、先锋之星、博学之星、文体之星、进取之星。

图 2　高志光老同志①为星级党员颁发荣誉证书

2. "携手共进 与梦同行"经验分享,更好发挥先进的传帮带作用

梅苑 4 栋"五室一站"培育了一批批优秀的"广大学子",他们毕业后在政府机关、事业单位、名牌高校中工作、学习。为了发挥榜样的力量,拓宽优秀学子榜样的影响力,梅苑 4 栋"五室一站"专门邀请成长过程中受"五室一站"育人实践影响的优秀党员代表们回到梅苑 4 栋"五室一站"进行经验分享,用他们的成长经历拨开同学们成长过程中的迷雾,更好地发挥"传帮带"的作用。

近期公共管理学院推免保研成功的彭晨、郭倚彤和周丹纯三位同学介绍了她们成

---

① 高志光原为广州大学副校长,已离休。1932 年生,广东南海人。

长和保研过程中的经验（见图3）；公务员朱瑶瑶进行公务员备考经验分享、黄裕进行事业单位备考经验分享；考研成功的党员吴嘉琪和庞艳英分享研究生考试备考经验（见图4）。

图3　优秀党员保研经验分享会　　　　图4　携手共进，与梦同行考研讲座

3. 开展主题党日活动，让榜样引领前进，明灯指引方向

广州大学公共管理学院党委副书记何瑞豪、本科生党支部书记谢玲以及部分党员走出"五室一站"，前往高志光老同志居住处，聆听榜样故事（见图5）。高志光同志1947年在上海加入地下党组织，一直从事学生运动。1955年被评为全国青年社会主义建设积极分子，受到了毛泽东等多位国家领导人的接见。

图5　高老与学生党员对话

高老在与学生党员的对话中提到年轻人要不忘初心，热爱祖国，为人民服务，随时接受党的召唤。他的话语令在场的学生党员同志们内心澎湃，深受鼓舞，受益匪浅。

4. "共创文明雅舍，争做党员先锋"，提高党员的责任意识

"共创文明雅舍，争做党员先锋"党员先锋模范活动主要结合学校每月一次的卫生大检查，发动党员及入党积极分子带头进行舍区公共卫生清扫、垃圾分类等义务劳动（见图6、图7），在舍区彰显党员的先锋模范作用。在活动过程中，党员们戴着标志身份的党徽，身穿代表公共管理学院本科生党支部的红色马夹，对手头的工作毫不

懈怠。统一穿戴，严肃庄重，既有荣誉感，又便于识别。他们的行为，也感染着整个楼栋的同学。

图 6　公共卫生区域清扫　　　　　　　　图 7　活动集体照

5. "舍区中的榜样"表彰及授牌，让党员"亮身份、做表率"

梅苑 4 栋"五室一站"结合学校文明宿舍、文明标兵宿舍、党员标兵宿舍的评选活动，在评选活动前、中、后都积极做好自查、打分、推优等各项工作，公正、公平、公开地选出"舍区中的榜样"并推荐参与校级评优。在 2018—2019 年广州大学文明宿舍、文明标兵宿舍及党员宿舍的评选中，梅苑 4 栋向学校推荐的 11 间宿舍 100% 获奖。

鼓励发挥宿舍楼栋党员的先锋模范作用，带动提升整个楼栋的宿舍环境和生活质量，公共管理学院为学生党员宿舍定制铭牌，并举行党员宿舍挂牌仪式（见图 8、图 9）。

图 8　何瑞豪副书记为党员宿舍挂牌　　　图 9　部分文明宿舍获奖代表合影

6. 老党员与新党员谈心谈话——"拾忆初心"

品党员故事，学党员初心，让谈心谈话更深入人心。"拾忆初心"活动定期举办（见图 10），新老党员畅谈时政，论时政与专业学习的联系；结合老党员事迹，共论入党初心。切实拉近了新老党员之间的距离，使得新党员更有归属感、使命感。

图 10　夏宏教授话初心

（二）"提能"型实践——培养学生良好的阅读习惯，提升学生学习及科研能力

1. "南国读书会"等学习平台的确立，提升学生"学习能力"

公共管理学院充分挖掘"五室一站"平台的育人功能，开展形式多样、内容丰富的党建活动，在培育党性思想、塑造道德品质的过程中，力求提升学生的学习及科研能力。建构了以"南国读书会"为育人中心，以"半月时政"聚焦计划、红色观影活动为辅助，并将育人氛围通过"致知读书会"感染入党积极分子群体。

延续"南国学堂"好传统，丰富"南国读书会"的形式。为切实调动党员们的学习热情和兴趣，提升党员们阅读和学习的能力，每一期的"南国读书会"都会邀请广州大学各学院领导、教师亲临梅苑4栋"五室一站"党团活动室，深刻解读经典著作。公共管理学院刘雪明书记、何瑞豪副书记、金允权教授、彭铭刚老师、丁魁礼老师、张庆鹏老师及经济统计学院林雪平副书记等嘉宾都曾应邀参加南国读书会，为学生党员讲解了《共产党宣言》《天下为公》《理想国》《入党：40个人的信仰选择》《中国共产党的九十年》《理论自信：做坚定的马克思主义信仰者》等经典著作（见图11、图12）。

图 11　何瑞豪副书记讲解
《入党：40个人的信仰选择》

图 12　张庆鹏老师讲解
《理论自信：做坚定的马克思主义信仰者》

公共管理学院本科生党支部为发挥每一期南国读书会的学习能力提升效用，在读书会后，均要求每位党员撰写读后感，交党支部审查后，将每一期的《南国读后感》汇编成册（见图13），以此汇聚智慧，分享知识，不断为学生党员的学习增添动力。同时，线上公众号定期分享优秀篇目，带动党内外学生积极阅读，提升学习能力，得到广州大学屈书记点赞肯定。南国读书会真正做到了通过学习，提升党员素质和学以致用的能力，在梅苑4栋形成"人心向学"的良好氛围。

图13 优秀读后感选编材料的封面

为拓展"南国读书会"的影响，提升入党积极分子学习能力，强化入党积极分子与支部联系，公共管理学院通过"致知读书会"系列活动加强积极分子的学习能力（见图14）。此外，开展"半月时政"聚焦计划，充分发挥党小组协作能力；定期组织党员观看红色电影，发扬革命传统，传承优良作风。

图14 入党积极分子"致知读书会"

2. 师生共同参与科研活动,提升学生"科研能力"

为把公寓党建工作做得更好,形成品牌,培养带动学生学习及科研意识,梅苑4栋"五室一站"也成为党建品牌进公寓的调查阵地,给予充分、实际的科研支持。在教师的引导和同学们的努力下,相关调查研究获得了业内人士的肯定。

五、育人成果

(一)党支部荣誉

公共管理学院本科生党支部以梅苑4栋"五室一站"作为依托,开展党建育人活动已初步取得一定的成果。2019年12月,公共管理学院本科生党支部入选"全国党建工作样板支部",截至目前,公共管理学院本科生党支部获得国家级荣誉1项,省级荣誉3项,校级荣誉4项(见表1)。

表1 广州大学公共管理学院党支部集体荣誉表

序号	获奖对象	获奖(立项)	时间
1	广州大学公共管理学院本科生党支部	"全国党建工作样板支部"	2019年12月
2	广州大学公共管理学院本科生党支部	"全省党建工作样板支部"创建培育单位	2019年9月
3	广州大学公共管理学院本科生党支部	广州大学先进党组织	2019年6月
4	广州大学公共管理学院本科生党支部	广州大学星级党支部	2018年10月
5	广州大学公共管理学院本科生党支部	2019年"优秀党日"评选活动一等奖	2019年6月
6	谢玲、黄想标等	2018年广东省教育厅主办的2018年"我的中国梦"——立志 修身 博学 报国主题教育系列活动之"青春担当,正当其时"志愿服务公益类三等奖	2018年9月
7	谢玲(支部书记)等的论文:《高校学生党员发展质量保障体系构建研究》	广东省高校党建研究会本科分会2018年年会论文评比三等奖	2018年12月
8	广州大学公共管理学院本科生党支部	2018年学生公寓"五室一站"工作优秀单位	2018年12月

（二）党员个人获奖情况

从 2018 年 11 月至今，公共管理学院党支部成员获奖情况：荣获国家级奖项 2 人，共 3 项；荣获省级奖项 13 人，共 15 项；荣获校级奖项 23 人，共 15 项。

（三）优秀保研党员同学

以下三位优秀的保研党员同学积极参与梅苑 4 栋"五室一站"党建活动，在育人氛围的感染下，努力达成了学生生涯的小目标。

彭晨，保送北京师范大学深造，已在国家级期刊上发表学术论文两篇。多次获得优秀学生会干部、优秀学生、广州大学优秀共青团员、优秀党务工作者等称号。

郭倚彤，保送至湖南大学深造，连续获得校一等奖学金，获得校"优秀学生"、校"优秀共青团员"等荣誉称号。曾获得第十六届"挑战杯"作品竞赛广州大学校赛二等奖。

周丹纯，保送至云南大学深造，多次获得校级一、二等奖学金和"优秀学生"称号，获得广州大学"增长知识见识"优秀个人称号，曾荣获广州大学技能大赛调研类二等奖；获评 2018 中国海外人才交流大会"优秀志愿者"和公共管理学院本科生党支部"德才之星"。

六、活动经验总结

从育人效果上看，梅苑 4 栋"五室一站"党建育人方式初见成效，总结经验如下：

（1）育人活动应旗帜鲜明。与党中央和校党委的要求保持高度一致。

（2）总体设计中要有明确的育人理念和育人目标。

（3）确保活动的多样性，适应时代和广州大学的特点，充分发挥"五室一站"育人平台的作用。

（4）育人活动成效应及时宣传推广，形成正面影响力。

（5）应建立良好的规划、执行、检查机制。不断总结，循序渐进。

兰苑 2 栋 "五室一站" 工作案例
——学经典，显特色，共筑"同心圆"

生命科学学院　黄兆锋

一、基本理念

习近平总书记指出，一个国家、一个民族的强盛，总是以文化兴盛为支撑的，中华民族伟大复兴需要以中华文化发展繁荣为条件。中华优秀传统文化不仅是历史上中华民族战胜种种艰难险阻而薪火相传的伟大精神瑰宝，也是实现中华民族伟大复兴中国梦的重要精神支撑。兰苑 2 栋"五室一站"紧扣学校的人才培养目标，以弘扬中华红色经典文化为主线，从"红色经典文化""社区生活文化""绿色健康文化"三方面开展"学经典，显特色，共筑'同心圆'"的主题特色活动，以党建促团建，充分发挥学生党员在学生公寓中的先锋模范作用，提升学生人文素养，进一步促进楼栋社区和谐发展，共筑"同心圆"。

二、要解决的问题

本项目需要解决的问题是如何通过丰富党建活动形式、提高党员先锋意识和培养学生的家国情怀，进而让"立德树人工程""文化涵养工程""党团建设工程"与学生公寓建设有效结合。

三、预期目标

通过党建进公寓系列活动，发挥学生党员的先锋模范作用，引导学生主动吸收经典百书中的"精神食粮",让学经典成为一种习惯。同时也将各类贴合人才培养目标的活动融入大学生的学习、生活中,促进学生在政治素养、文化涵养、人才培养、服务社会等多方面得以提升,凸显兰苑2栋特色,共筑"同心圆"。

四、方法设计

兰苑2栋"五室一站"以学经典,显特色,共筑"同心圆"为主题开展系列活动。一是做好宣传发动工作,通过宣传栏、微信、公众号等平台发布各类活动的介绍,动员更多的学生参与,促进不同学院不同专业学生的交流,努力将兰苑2栋"五室一站"打造成大学生陶冶高尚情操、修炼良好品行、培养健全人格的"第二课堂";二是积极引导党员群体在学生公寓建设中的先锋模范带头作用,深入推进党建进公寓工作;三是把"红色经典文化""社区生活文化""绿色健康文化"三方面作为公寓建设的主要内容,打造"五室一站"品牌特色。

五、活动过程

(一)"红色经典文化"建设

1. "读原著、学经典、做表率"读书活动

兰苑2栋党建办在党团活动室举行了"读原著、学经典、做表率"系列读书活动。学院党委陈筠书记进行了红色经典书目《共产党宣言》的解读(见图1),带领同学们观看《共产党宣言为何吸引人》《理解马克思》《共产党宣言的味道》三个视频,引导同学们了解学习经典的目的和意义,鼓励同学们去品读经典,提高自己对马克思主义的认识和理解。同学们也分享了自己对《共产党宣传》的学习感悟,对自身的发展有了更明确的方向,表示要努力做到把个人的发展融入中华民族伟大复兴的实践中,肩负好使命。副院长郭培国把"邓小平同志的有关论述"分八个方面进行分享(见图2),并结合自身经历的时代故事,深入浅出地解读社会主义。在场的同学们纷纷表示收获良多,深刻感受到读一本书,是与一位高尚人的谈话,分享一本书,是心

图1 《共产党宣言》读书活动现场

灵与心灵的碰撞。副院长林永波对《毛泽东选集（第3卷）》进行了解读（见图3），围绕"为人民服务"主题进行讲述，着重介绍了"为人民服务"的历史故事——毛泽东在张思德同志追悼会上的发言，以及数位革命先烈的经典故事。同学们也分享了此次读书活动的感受，并表示要继承和弘扬张思德同志为人民服务的精神，不忘初心，牢记使命。

图2 "邓小平同志的有关论述"读书活动现场　　图3 《毛泽东选集（第3卷）》读书活动现场

2. 红色电影赏析

为加强同学们的爱国之情，兰苑2栋"五室一站"组织开展了"红色电影赏析"活动（见图4），通过观看电影的方式来了解祖国的英雄，向祖国的英雄致敬。本次活动的播放影片是《烈火英雄》，观影过程中，同学们都被消防战士们不惧烈火猛兽、为大家舍小家的无畏精神所感动，被其爱国为民的强大信念所震撼。观影后，同学们表示要不辜负为祖国负重前行的英雄们，每一位大学生都应该努力奋斗，用知识武装自己，报效祖国。

图4 红色电影赏析活动

3. "不忘初心、牢记使命"主题教育学习会

为深入学习贯彻习近平新时代中国特色社会主义思想，加强学生的思想政治教育，兰苑2栋党建办组织本楼栋党员在党团活动室开展了"不忘初心、牢记使命"主题教育学习会（见图5）。本次学习会以党史党章的集中学习和知识竞赛为主要方式，旨在加强学生党员对党的历史和现状的了解，深入学习党在新时代的方针政策以及习近平新时代中

图5 "不忘初心、牢记使命"主题教育学习会

国特色社会主义思想，重温党的光辉历程。通过此次学习会，各党员对于党的历史有了更深的了解，更加坚定了一心向党的立场；更加充分认识到，要履行好党员应尽的义务、保持党员的先进性，必须要始终做好自觉遵守党的章程和纪律，不断加强自身的政治素养，做中国共产党最忠实的维护者。

（二）"社区生活文化"建设

1. 观看国庆70周年阅兵仪式直播

兰苑2栋"五室一站"组织40名留校学生共同观看国庆70周年阅兵仪式直播（见图6），一起欢庆祖国70岁生日。同学们满怀期待，现场气氛活跃。此次阅兵直播的观看，让同学们真真切切地感受到了中国的蓬勃发展，增强了同学们的爱国意识及民族自信心与自豪感。

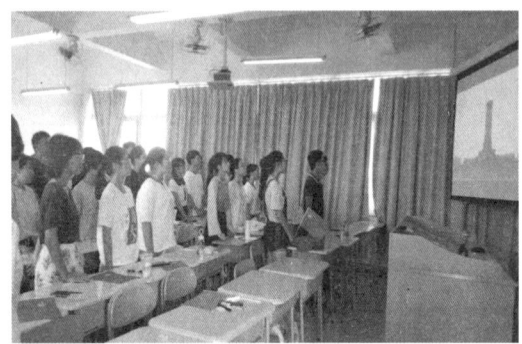

图6 观看70周年国庆阅兵仪式直播现场

2. "从心开始，认识全新的自己"心理游园活动

"从心开始，认识全新的自己"心理游园活动（见图7），主要有"盖棉被""大树与松鼠""接力踢毽子"等环节。该活动搭建了一个楼栋学生的交流桥梁，促进了学生心理健康的发展，增进了楼栋成员之间的感情。让同学们重新剖析自我、认识自我、悦纳自我，进一步体验到了心理潜能的强大力量。

图7 心理游园活动现场

(三)"绿色健康文化"建设

为建设美丽校园,鼓励学生亲身参与垃圾分类,以实际行动关心环境、珍惜环境、保护环境,兰苑2栋"五室一站"举办了垃圾分类志愿活动。一是开展了以"垃圾分类,从我做起"为主题的垃圾分类主题系列宣讲会(见图8),向同学们讲解垃圾分类的重要性和意义,引导同学们自觉、科学地实行垃圾分类,养成珍惜资源、保护环境的生活习惯。二是开展每周定时定点的"垃圾分类"志愿活动(见图9),在兰苑2栋垃圾分类箱旁设置"垃圾分类"党员文明监督岗,号召党员干部在垃圾分类中要当先锋做表率,争做垃圾分类宣传员、示范员、指导员、监督员。志愿者按照"一装二放三刷"步骤进行垃圾分类指引,让垃圾分类有监督、有落实。三是利用"广大生科院学生新媒体中心"公众号、楼栋微信群等平台对垃圾分类系列活动进行大力宣传,让垃圾分类深入人心,扩大影响力。兰苑2栋通过对垃圾分类知识的宣讲以及志愿活动的持续开展,强化了同学们垃圾分类的意识,固化了垃圾分类的习惯。同学们也为实现生活垃圾减量化、资源化、无害化处理的目标做出了自己的努力,为创造美好校园环境付出了实际行动。

a. 耐心讲解

b. 认真倾听

图8 垃圾分类宣传讲座

a. 志愿者现场指导

b. 同学积极参与

图9 垃圾分类志愿活动现场

六、活动效果

兰苑2栋"五室一站"紧扣学校的人才培养目标,以弘扬红色经典文化为主线,以学生党建进公寓,党建带团建等形式为载体,以第二课堂为抓手,开展了以"学经典,显特色,共筑'同心圆'"为主题的系列活动。一是"红色经典文化"的建设,让读书成为习惯,引导学生主动吸收经典百书中的"精神食粮",进一步健全学生的人格魅力,提高学生的文化品位、审美情趣与文化底蕴;二是"社区生活文化"的建设,搭建了一个楼栋学生交流的桥梁,贴近楼栋学生生活,关注学生心理健康发展,既丰富学生的课余精神生活,又增进不同学院学生之间的情感连接;三是"绿色健康文化"的建设,增强了同学们对垃圾分类的意识,为创造美好校园环境、社区环境付出实际行动。通过特色项目的建设,实现了"立德树人工程""文化涵养工程""党团建设工程"与学生公寓建设的有效结合,学生在政治素养、文化涵养、服务社会等多方面得以提升。

七、活动经验反思

兰苑2栋"五室一站"建设取得了一定的成效,但仍存在一些不足。一是要加强党建带团建的力度,进一步发挥党员示范引领和辐射带动作用;二是要开展更多具有创新性、普及性和丰富性的活动,进一步厚植广大底色的人才培养;三是要把握定位、创新特色,以学生需求为导向,努力将"五室一站"打造成对学生进行党建教育、思想政治教育和素质教育的重要阵地。

竹苑1栋"五室一站"工作案例
——党团引领、生活养成、专业融通、舍友同行

经济与统计学院　刘源

一、基本理念

高校学生公寓是学生生活、学习和思想交流的重要场所，是学生大学生活的重要组成部分，是学生的第二课堂，也是高校思想政治教育的重要阵地。为聚焦学生公寓文化环境的深化改革，着力推进打造有品质校园生活，进一步推进学校学生公寓实践育人新机制，帮助大学生形成良好的世界观、人生观和价值观，达到提高人才培养质量的目的。竹苑1栋"五室一站"围绕社会主义核心价值观，结合培养高质量人才的目标，以党团引领、生活养成、专业通融和舍友同行四大特色纲领引领开展一系列主题活动。

二、要解决的问题

竹苑1栋"五室一站"对过往工作和活动经验进行总结，针对活动辐射面不广、学生参与度不高以及宣传工作力度有待加强等问题进行思考和探索。

三、预期目标

以党团引领、生活养成、专业通融和舍友同行四大特色纲领为目标，通过一系列育人活动的开展，让学生能获得实实在在参与感，在参与中提升自己的党性修养，生活作风，专业技能和责任感。希望最终能够培养一批党性修养高，热爱生活，学习成

绩优异以及富有责任感的优秀学生。扩大竹苑1栋"五室一站"的影响力，吸收接纳更多志同道合的优秀群体，向学院和学生公寓提交一份满意的答卷。

四、方法设计

竹苑1栋"五室一站"以党建工作为龙头，开展党团系列活动，增强学生党团意识，促进学生党团思想政治教育。

（1）规范、加强学生党员团员的政治学习和组织生活。结合学院特色，根据青年学生的特点，通过政治学习和组织生活、团日活动等，规范形式、丰富内容、大力提倡党团学生的自主参与性，起到学习理论、拓展素质、研讨问题、凝聚智慧的作用。

（2）以学生为中心，充分发挥党团制组织的引领作用，为学院学生提供学习交流平台，并致力于打造具有团队意识和昂扬向上风貌的一个崭新团队，真正起到党团组织的引领、表率作用。辅导员召集竹苑1栋楼栋楼层长等干部和经济与统计学院团委学生会干部，多次召开了关于"五室一站"的会议。

五、活动过程

（一）党团引领

1. 举行党员先锋行动小组启动仪式

2019年10月11日下午1：30，经济与统计学院在竹苑1栋一楼"五室一站"，根据学校《关于在学生公寓设立党小组的通知》要求，经学院党委研究，成立了经济与统计学院党员先锋行动小组（见图1）。竹苑1栋"五室一站"成立党员先锋行动小组是落实党建进公寓和促进有关学院党支部的党员在公寓、在生活区的表现，更侧重于具体行动、具体表现，从而推进、记载、反馈党员在公寓的先锋模范带头作用。

图1 党员先锋小组成立

本次经济与统计学院竹苑 1 栋"五室一站"举行党员先锋行动小组启动仪式提升了竹苑 1 栋楼栋全体党员的服务意识，为全面推进竹苑 1 栋"五室一站"党员先锋行动，行动小组将设立党员先锋岗，挂牌党员宿舍，标明党员身份，实施党员宿舍包干等，真正落实党员先锋行动的实效！

2. 经典悦读

"五室一站"项目是学校实践育人德育创新项目，是在学生公寓开展党的群众路线教育活动的载体，经济与统计学院竹苑 1 栋"五室一站"积极响应。2019 年 4 月 9 日 12：30，竹苑 1 栋全体党员参与，在文新 220 举行，开展了此次"读原著、学经典、做表率"系列读书活动，活动邀请经济与统计学院党委林雪松副书记主讲了以"中国共产党的成功之道"为主题的讲座，指导党员如何读《中共党史》著作。

林雪松书记从 1921 年中国共产党成立伊始讲述，阐述并总结了共产党成功的秘诀在于"人民中心""实事求是""信仰坚定"。随后林雪松书记详细对"人民中心"这个关键词进行了解读，激励大家在未来五十年做出自己的一份贡献。党员反映强烈，深受鼓舞，纷纷表示多读经典著作，坚定信仰，提升意识！读书活动还举行了"党员宿舍"颁发牌匾仪式，由林雪松书记将宿舍牌下发到各党员手中，共 30 多间党员宿舍领取了"党员宿舍"牌匾。学工办欧老师督促各位党员严格要求自己并带领同学争创"党员优秀宿舍"，争创竹苑 1 栋"红色楼栋"！

3. 学习习近平新时代中国特色社会主义思想

2019 年 10 月 17 日，在竹苑 1 栋一楼，召开了广州大学经济与统计学院研究生第一党支部党员大会，支部书记欧永美老师以"不忘初心、方得始终"为主题，向党员讲党课。她指出：中国共产党第十九次全国代表大会上，习近平新时代中国特色社会主义思想被确立为党必须长期坚持的指导思想并写入党章，实现了党的指导思想的与时俱进。习近平新时代中国特色社会主义思想，充满了对马克思主义的坚定信仰，充满了对社会主义和共产主义的坚定信念，展现了当代中国共产党人的政治品格、价值追求、精神风范。作为研究生党员，需要认真学习《习近平新时代中国特色社会主义思想学习纲要》，用习近平新时代中国特色社会主义思想武装自己，为实现中华民族伟大复兴而奋斗！

4. 新生党员"不忘初心、牢记使命"教育活动

为贯彻落实"不忘初心、牢记使命"教育活动，引导新生党员牢记党的宗旨，拓展研究生党员的知识领域和沟通能力。2019 年 11 月 2 日下午，经济与统计学院竹苑 1 栋党员到广州市中山七路陈家祠参观学习。在讲解员的带领下，新生党员了解了陈家祠的历史文化。在参观英雄赞礼展厅后，党员们了解了老一辈革命家艰苦奋斗，默默奉献的伟大精神品质。正如习近平总书记所说："一个有希望的民族不能没有英雄，一个有前途的国家不能没有先锋"。通过此次教育实践活动，让新生党员重温革命历史，感受艰辛的革命精神，做到把不忘初心、牢记使命作为自己的终身课题，以更加饱满的精神状态投身于未来的学习工作之中。

图 2 "不忘初心、牢记使命"主题教育活动

5. 开展党员帮扶和志愿服务活动

为了深入贯彻新时代党的建设总要求,教育引导各位党员牢记党的理想信念,牢记党的根本宗旨,努力实现为民服务解难题的目标。学院组织竹苑1栋党员、各党员先锋小组于2019年10月开展党员帮扶和志愿服务活动,共有12名研究生党员同学参与活动。支部党员以个人或者小组为单位,主动帮扶身边的困难同学或者进行志愿活动,如功课补习、学术指导、资料分享、图书馆志愿服务和打扫清理自习室卫生等(见图3)。在此次活动中,支部党员同学发挥了主观能动性,牢记党的根本宗旨,努力为身边同学服务,充分发挥党员先进作用。

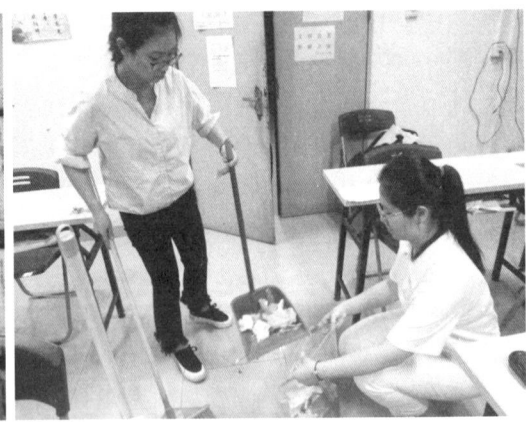

a. 图书馆志愿服务　　　　b. 打扫清理自习室卫生
图 3 开展党员帮扶与自愿活动

6. 国庆阅兵直播活动

2019年10月1日,经济与统计学院"五室一站"组织观看阅兵仪式活动。同学们自发组织积极参与,大家以满腔的热情迎来祖国70周年华诞,以满腔的热情、饱满的精神面貌观看祖国阅兵的直播(见图4)。此刻全体同学齐声祝伟大的祖国生日快乐,繁荣昌盛!

a. 活动主题　　　　　　　　　　　b. 活动现场

图 4　国庆直播活动

（二）生活习惯养成

1. 党员亮身份

宿舍是大学生除第一课堂专业学习、第二课堂社会实践以外的"第三课堂"生活场所。在"生活养成"的纲领指导下，经济与统计学院党建办成员牵引主办"戴党徽、亮身份、树形象、做表率"活动。为深入推进党的群众路线教育实践活动，进一步增强党员的党性意识、责任意识、服务意识和宗旨意识，对此收集了学生党员的相关信息，如：电子照片、年级学院专业班级、个人座右铭，用于展出竹苑1栋"党员风采展"海报。开学伊始，竹苑1栋党建办携手党员对竹苑1栋宿舍环境进行美化工作。

2. 定期开展竹苑1栋楼栋宿舍预防登革热大扫除

2019年4月初，经济与统计学院竹苑1栋"五室一站"响应校方《关于开展预防登革热学生宿舍大扫除》的通知，党建办领导积极组织竹苑1栋舍区办以及楼层长开展大扫除工作。2019年9月初，也即开学季第一周，伴随着开学匆忙的脚步，学院迎来了本学年的第一次预防登革热学生宿舍大扫除活动。第一次检查就得到了刚入学的新生们的积极配合，同学们在匆忙之际也会抽出时间来打扫自己的宿舍卫生，配合预防登革热进行必要的灭蚊和清理积水行动。同学们都积极主动进行每周的宿舍卫生大扫除活动，宿舍卫生合格率也逐渐上升。同学们切实体会到了一个好的生活环境对自身的学习和成长有着不容忽视的影响。

3. 宣传发动宿舍内务检查

2019年10月15日下午3：00，小谷围街道办陈书记、番禺区疾控中心杨主任等人来学校召开登革热防控工作会议，周云副校长、后勤服务处与学生处相关人员、学院代表等人参加了会议。来访领导指出学校存在的问题：一是学生宿舍内务卫生差、积水多；二是宣传不到位，学生参与少，抽查几个学生都说不知道要防登革热；三是消杀效果差，蚊媒密度没降低。对此周云副校长强调：第一，各学院要在"广大学生住宿管理工作群"每天报有无发热学生；第二，各学院务必要做好宣传发动工作和宿舍内务检查工作，周四学校将抽查100间宿舍和30个学生，对抽查不合格的宿舍或不知情的学生，将对所在学院副书记进行诫勉谈话；第三，加强公共区域消杀力度及清理积水力度，对工作不力的中标单位从严处罚。

a. 与学生亲切交谈　　　　　　　b. 指导学生

图 5　学院领导走访宿舍

a. 检查宿舍　　　　　　　　b. 整洁干净的宿舍内务

图 6　学院领导检查宿舍内务

4. 进行年度文明宿舍、标兵宿舍评比

2019年10月2号，为响应学校文明宿舍、标兵宿舍的评比，学院对竹苑1栋的全部宿舍进行了通知。根据每层楼层长推荐，以及宿舍自荐结果，对报名的宿舍按照每周和每月一次的卫生检查结果进行筛选，对于难以筛选的宿舍，采用不定期宿舍卫生抽查的标准进行评判，最终推荐了16

图 7　文明宿舍颁奖现场

间文明宿舍（包含 3 间文明标兵宿舍）。此次评选活动，不仅让学生意识到了宿舍卫生的重要性，还激发了学生们积极打扫宿舍卫生的热情，对提高竹苑 1 栋整体的卫生起到了不容小觑的作用。

5. 竹苑 1 栋"五室一站"书画艺术展——书画青春

2019 年 5 月 8 日 18：00，经济与统计学院竹苑 1 栋"五室一站"开展了书画艺术展，让竹苑 1 栋的同学能消除浮躁，静心去欣赏艺术作品，落实学校"爱体育、懂艺术"目标。

竹苑 1 栋"五室一站"及整个楼栋全年无火灾、无安全事故。

6. 开展干部工作例会

2019 年 10 月 20 日，竹苑 1 栋楼栋层长及舍区办工作人员利用课余时间对有关宿舍管理工作进行培训，强调舍区办的日常工作内容，如做好本楼栋开放、值班工作。协助做好本楼栋"五室一站"日常教育管理工作；卫生检查督促、生活服务工作、"五室一站"设施管理维护；做好楼栋党建办宣传和组织工作，协助"党建办""舍区办"及学生公寓管理服务中心做好学生宿舍自我教育、自我管理、自我服务、自我监督工作等。勤工助学岗工作人员，需要配合"党建办"、"舍区办"做好本楼栋开放、值班工作。

此外在登革热高发期重点强调了宿舍卫生问题，希望各楼层长能积极配合学校登革热预防治理工作，与此同时能够带动本楼层宿舍长做好宿舍卫生工作。在预防登革热的同时，也注重楼栋学生的课外锻炼，积极筹备相关的文体活动与专业活动等。勤工岗的学生，也开展了系列垃圾分类工作。

7. 专家教授走访宿舍

为了确保"不忘初心、牢记使命"主题教育取得扎实成效，切实了解并解决学生关心、关注、关切的热点、难点、痛点问题，加强学院的学风建设，提高学生宿舍在党建等方面的质量，学院党委于 2019 年 11 月 5 日下午组织学院部分专家教授到学生宿舍进行走访活动。继上一次的宿舍走访及整顿后，学生宿舍卫生水平显著提升，同学们的卫生安全意识明显加强，自觉性也有所提高。此次专家教授进宿舍，提高了学生宿舍在党建等方面的质量，加强了专家教授们与学生的交流和联系，也增强了学风建设、推进了主题教育的开展。未来经济与统计学院会组织更多活动，将主题教育进社区落到实处。

（三）专业通融

1. 优秀毕业生经验分享交流会

在"专业通融"纲领的指导下，舍区办联合学院交流部举办了优秀毕业生经验分享交流会。2019 年 6 月 11 日傍晚，经济与统计学院竹苑 1 栋党建办组织优秀毕业生在竹苑 1 栋党建办举行座谈会。通过面对面的经验交流，4 名优秀毕业生在同学们中树立起榜样作用。教师利用值班的机会，为大学生成长路上遇到的困惑答疑，为学生指明方向。10月份，党建办邀请专业教师和负责学院就业的辅导员到竹苑1栋"五室一站"进行答疑，发挥学生公寓活动育人的作用。

2. 竹苑1栋"五室一站"时事讨论会——跨境电商税收新政学习讨论会

2019年4月12日13：50，经济与统计学院竹苑1栋党建办于文新713A举办了主题为"跨境电商税收新政"的学习讨论会。竹苑1栋大部分党员及20名入党积极分子出席了讨论会。本次讨论会不仅让大家学习到了许多新知识，还让竹苑1栋的党员们有了更多的互动。

（四）舍友同行

1. 心理答疑

在"舍友同行"纲领的指导下，学院心理卫生协会在竹苑1栋定期举行心理咨询活动。在每月一次的心理咨询活动中，学生与心理卫生协会的同学进行沟通，提出心中的疑问，抒发压抑的情绪。学院心理卫生协会为学生良好的心理建设做出了不容忽视的贡献。

2. 竹苑1栋"五室一站"读书分享会——"读书·立德"

2019年5月20日晚，经济与统计学院竹苑1栋"五室一站"党建办在文新215组织了《平凡的世界》读书分享会，讨论和分享的书籍是路遥的《平凡的世界》。参与活动的人员有竹苑1栋楼栋宿舍党员以及入党积极分子，这使竹苑1栋楼栋党员和入党积极分子在读书方面有了更深入的交流。

六、活动效果

竹苑1栋"五室一站"党建办和舍区办合理规划使用空间，以方便服务学生的目标为宗旨，学院对"五室一站"进行了空间格局上的整改及建设。最终打造出符合党团活动室及学生组织与社团会议室的双重标准的新格局。主要工作成效如下：

（1）规范和加强学生党员、团员的政治学习和组织生活，进行了党员公示栏建设和党员宿舍评比，开展了党员学习专题活动，提升了党员责任感。

（2）以学生为中心，充分发挥党团组织的引领作用。

（3）开展了"不忘初心、牢记使命"主题学习会议，成立了党建小组。

（4）开展了两期"读原著、学经典、做表率"系列读书活动，党员反映强烈，深受鼓舞。

（5）举办了优秀毕业生分享会，使更多的学生受益。

（6）竹苑1栋"五室一站"构建了易班平台、微信平台等进行有力宣传，形成了线上线下良好氛围。

（7）举行了党员先锋行动小组启动仪式，推进了党员在公寓的先锋模范带头作用。

七、活动经验反思

通过对以"党团引领""生活养成""专业通融"和"舍友同行"四大特色纲领引领开展的一系列主题活动进行总结，发现并积累了一定的经验，但也多了些在工作过程中的反思。具体的分为三个部分：其一，受到"五室一站"工作人员数量的限制，在开展相关育人活动的前期准备工作中比较吃力，工作的宣传效果不太理想；其二，竹苑1栋学生众多，来自不同学院不同年级，研究生群体覆盖面广泛，开展的活动主题满足所有群体的程度较低，学生群体参与度低下，这也是"五室一站"在今后的活动开展过程中需要调节改进的重点；其三，开展活动的场地有限，竹苑1栋仅有一间物资室，尚无功能室，开展活动常常需要在课室进行，这就增加了活动的复杂性从而降低了学生的参与意愿。

菊苑 4 栋 "五室一站" 工作案例
——知行合一，党建育人

地理科学学院　罗增幸

习近平总书记在全国高校思想政治工作会议上指出："思想政治工作从根本上说是做人的工作，必须围绕学生、关照学生、服务学生，不断提高学生思想水平、政治觉悟、道德品质、文化素养，让学生成为德才兼备、全面发展的人才"。菊苑 4 栋"五室一站"在学校党委和学院党委的正确领导下，认真履行工作职能，坚持立德树人，遵循思政教育工作规律，由点到线，由线及面，以"知行合一"的育人模式积极开展活动，助推党建工作接地气入人心，不断融入学校思政教育大格局，融入学校人才培养大体系。

一、基本理念

菊苑 4 栋"五室一站"以习近平新时代中国特色社会主义思想为指引，切实承担起中国特色社会主义亲历者、实践者、维护者和捍卫者的政治责任，努力做到在中国共产党领导下党建工作有新气象、思想共识有新提高、履职尽责有新作为。

菊苑 4 栋"五室一站"初步探索"知行合一"的育人模式，通过理论学习和实践活动，充分发挥学生党员干部的作用，在生活区凝造人心向党的氛围，积极响应广州大学的"德才兼备、家国情怀、视野开阔、爱体育、懂艺术，能力发展性强"的人才培养目标。

二、要解决的问题

菊苑 4 栋"五室一站"充分认识到当前党建工作不足之处，以"五室一站"为依托，在学生舍区开展党建活动，扩大党建工作影响力，做到全方位，多渠道推进党建工作。为此，通过各类丰富多彩的学生活动，全力推进党建和思想政治教育工作进"舍区"，着力解决党建活动的育人成效不够突出，影响范围不够广泛的问题。

三、预期目标和方法设计

（一）预期目标

菊苑4栋"五室一站"全体人员心系学生忠于党，接稳红色接力棒。通过一系列党建育人、立德树人活动，着力培养出一批"不忘初心"爱党爱国爱社会主义的有志之才。

（二）方法设计

菊苑4栋"五室一站"仅有一个党团活动室，除了在保证日常开放和逐步完善管理制度的同时，更要充分发挥活动的成效，探索"知行合一"的育人模式。以思想育人为先导、以实践育人为基石，做好理论学习和实践活动相关工作，形成合力，实现党建育人。

四、菊苑4栋"五室一站"的育人实践

菊苑4栋"五室一站"坚持以理想信念教育为核心，以社会主义核心价值观为引领，牢固树立"育人为本、德育为先"的教育思想和"以生为本、追求卓越、知行合一"的教育理念，传承和弘扬"广大精神"，结合重大事件和历史纪念日，组织开展观看国庆阅兵仪式、经典诵读交流、参观革命先烈教育基地等多种形式的主题教育实践活动，增强学生思想引领的针对性和实效性，培养学生养成高尚的爱国主义情操与家国情怀，做一名"不忘初心"的践行者，"知行合一"的地理人。

（一）知文达理，传承红色精神

为了贯彻落实习近平总书记的系列重要讲话精神，培养广大学子扩展知识面，提升内在修养，丰富精神世界。菊苑4栋"五室一站"坚持以文化人、文化育人，"五室一站"与相关部门通力合作，开展文化活动，在集中营造浓厚舍区文化氛围的基础上，重点培育、推出一批质量高、有内涵，又具有地理特色的文化项目。

（1）着力办好系列"读原著、学经典、做表率"读书活动，培养学生良好的理论学习习惯。为响应习近平总书记在纪念马克思诞辰200周年大会上强调读书的重要性，菊园4栋"五室一站"举办了系列"读原著、学经典、做表率"读书活动（见图1），在营造浓厚舍区文化氛围的基础上，引导学生党员培养爱读书、读好书的习惯；学院领导做好带头作用，与同学们分享自身读过的经典好书，如学院党委副书记潘文彬与同学们分享《习近平的七年知青岁月》，希望学生党员们多向习总书记学习，要在日

常中养成多读书，读好书的好习惯；支部书记也积极带领本支部人员阅读好书，分享读书心得，资环支部书记林彩霓同志以"中国梦，我们的梦"为主题分享自己对中国梦的理解。系列的读书活动，旨在加强广大学生党员党性修养，提升学生党员的综合素质，坚定理想信念，在学校营造知识、阅读、思考和相互沟通的良好风气，培养广大党员爱读书、读好书、好读书的习惯，扩展知识面，提升内在修养，丰富精神世界，学习经典革命思想，永葆共产党员的先进性。

a. 活动中合影

b. 活动后合影

图1 "读原著、学经典、做表率"系列读书活动

（2）以重大事件纪念日为契机举办纪念活动，厚植学生的爱国主义情怀。如在国庆到来之际，菊苑4栋"五室一站"全体党员与菊苑4栋的学生一起观看祖国70年华诞国庆阅兵仪式活动。同学们一起回忆祖国的风云历史，共同见证祖国的发展与强盛，培养广大学子的爱国情怀，增强广大学子的民族自豪感，丰富广大学子的精神世界。

（二）知行合一，向榜样学习，为人民服务

地理科学学院充分认识到实践育人的强大作用，践行理论与实践相结合的党建育人模式，有序组织学生参加各类社会实践活动，前往红色基地进行学习。积极响应党的号召，结合菊苑4栋的实际情况，发挥地理科学学院专业学科优势，组织系列活动，发挥党员的先锋模范带头作用，践行党为人民服务的宗旨，坚持实践导向，通过党性教育、理论学习、社会实践等活动，培养脚踏实地、知书达理、笃行博学、正心成人的"地理学人"。

（1）开展主题党日活动，积极向外探索。部分菊苑4栋"五室一站"成员走出"五室一站"，重温改革开放的伟大历程，前往深圳改革开放展览馆和莲花山公园进行实地学习，倾听岁月的故事，感受改革的巨变，让学生党员不忘初心，为人民服务，更加坚定心中理想，笃定人心信念，深入进行党建理论的政治学习。

"不忘初心、牢记使命"，进一步加强党建育人的教育活动，组织学生党员前往烈士陵园进行主题教育的学习，瞻仰革命事迹，接受革命传统教育，再一次重温入党宣誓词，庄严的宣誓词句句深入人心，掷地有声，表达对革命先烈的缅怀之情，也表达了新时代的党员继承和发扬老一辈革命家的优良传统之决心。

（2）开展学生党员"亮身份、做表率"活动，教导学生为人民服务，为大家服务。地理科学学院学生党员秉承服务之心，与其他部门联合发起"地理入校园"的科普志愿活动，前往广州市的4所小学，进行地理科普教学活动，把理论与实践相结合，知书达理，服务更多的人群。"五室一站"鼓励党员同志积极参与各类社会实践活动，保持与人民群众的血肉关系，发挥党员先锋模范作用，督促各支部同志深入社会实践，严格要求自身，踏实肯干，做一个正心成人的"地理学人"。

在登革热高发季节，以"五室一站"为依托，地理科学学院党员成立"监督小组"，对菊园4栋的宿舍进行卫生情况检查。让大家从宿舍做起，重视积水清除，及时检查"积水高发区"，互相监督落实宿舍卫生保障工作，并向菊苑4栋的学生宣传登革热预防注意事项：搞好自己周边的环境卫生，清除或倒置室内各种闲置的可积水容器，做好居家防蚊灭蚊措施等，带动学院学生共同防治，及时监督，保障同学们的健康安全。

图2 学生党员"亮身份、做表率"进舍区教育宣传

在构建住宿文明过程中，将垃圾分类作为重要环节，"五室一站"把宣传工作放在第一位。积极发挥学生党员的先锋模范作用，主动学习垃圾分类知识，并在垃圾投放点站岗监督，树立榜样；利用宣传栏和线上公众号加大宣传力度，积极动员入党积极分子宣传垃圾分类，很好地由点到线，由线及面地铺开了垃圾分类宣传教育的工作。

五、育人成果

（一）集体荣誉

表1 广州大学地理科学学院集体荣誉表

序号	荣誉	颁奖单位	级别	时间	备注
1	广州大学2019年垃圾分类先进学院	广州大学	校级	2019年12月	优秀组织
2	广州大学2019年学生住宿文明建设先进学院	广州大学	校级	2019年12月	优秀组织
3	广州大学2018—2019学年学生"德才兼备，家国情怀"先进集体	广州大学	校级	2019年9月	优秀组织
4	广州大学2018—2019学年学生"能力发展"先进学院	广州大学	校级	2019年9月	优秀组织

（二）个人荣誉

从 2019 年 1 月至今，地理科学学院党支部成员荣获多个荣誉奖项，具体情况如下：荣获国家级奖项 6 人，共 7 项；荣获省级奖项 6 人，共 12 项；荣获市级奖项 3 人，共 3 项；荣获区级奖项 2 人，共 3 项；荣获校级奖项 24 人，共 100 余项。

（三）优秀党员

在积极参与菊苑 4 栋"五室一站"党建育人活动中，地理科学学院全体学生党员共同发挥自身优势，为党建育人活动贡献自己的力量，争当优秀。其中来自地理科学学院的郭翌彤表现尤为突出，荣获校十佳学生称号。郭翌彤曾任地理科学学院地信党支部书记，连续三年综测第一，多次获得"优秀学生"称号；获得"创青春"浙大双创杯国赛银奖、第四届中国"互联网＋"大学生创新创业国赛银奖、"挑战杯，创青春"广东大学生创业大赛金奖、第十六届挑战杯校赛二等奖；同时收到北京师范大学、华中师范大学、华东师范大学推免复试资格，现已成功保送至华东师范大学继续深造。

六、活动经验总结

菊苑 4 栋"五室一站"的"知行合一"育人方式初见成效，总结经验如下：

第一，积极发挥学生党员干部的带头作用。由点到线，由线及面铺开党建工作，对积极参与活动，有突出贡献者要及时表彰，树立榜样。

第二，活动贴近学生的日常生活，解决实际问题。

第三，协同新媒体加以实施与引导，积极配合学校、学院的指导精神来落实党建工作。

七、结语

凝心聚力，砥砺前行。菊苑 4 栋"五室一站"紧紧围绕学校党委和学院党委工作部署要求，全面贯彻落实全国、全省高校思想政治工作会议精神，坚持工作思路创新、平台创新、路径创新，求发展之真，务服务之实，秉承广大精神，践行广大校训。

梅苑9栋"五室一站"工作案例
——先锋"翼"计划

旅游学院　李佩雯

一、基本理念

学生公寓不仅是学生成长和成才的重要场所，更是党建工作的重要载体。立德树人是高校学生公寓党建工作的目标。为深入学习贯彻党的十九大精神、习近平总书记系列重要讲话及全国教育大会精神，落实立德树人的根本任务，围绕学校24字育人目标，梅苑9栋"五室一站"结合旅游学院多年本硕党团活动的良好基础，以学生公寓党建工作为核心，在开展党员先锋"翼"计划"一楼一特色"项目的同时，加强党建带团建，创新载体与拓展效能，搭建学习交流平台和推动红色楼栋建设，旨在打好"广大底色"和促进宿舍文化建设，进一步助力学校全面推进高水平大学建设和人才培养工作，让梅苑9栋楼栋学生真正联动起来，主动参与其中，合力建设社区。这是新时代落实立德树人任务有实效的重要举措。

二、解决的问题

教育部《关于进一步加强高等学校学生公寓管理的若干意见》（教发〔2002〕6号）中指出"学生公寓是学生日常生活与学习的重要场所，是课堂之外对学生进行政治思想政治工作和素质教育的重要阵地"。因此，在学生的大学生涯中，学生公寓对于塑造大学生的健康人格，培养大学生高尚的道德情操，树立大学生正确的世界观、人生观和价值观具有重要的影响。

在当前高校教育改革不断深化、落实"立德树人"根本任务的背景下，学生公寓作为党建活动的重要场所，其育人功能越来越突出。从这一层面看，学生公寓党建工作的开展是高校政治思想工作的着力点，它的有效开展对于促进学风、校风建设，提高高校高水平建设的成效都具有重要意义。

梅苑9栋"五室一站"开展党员先锋"翼"计划"一楼一特色"项目。依托梅苑9栋"五室一站"，发挥党团先锋模范作用，采取活动项目化运作方式，着力塑造党团行动与素质提升项目品牌，提高思想政治教育影响力和成效。以"活动项目化"的方式推进党建活动进公寓，旨在解决以下问题：

（一）公寓党建工作战斗力不强，组织涣散，党建活动难以开展

目前多所高校已有在学生公寓开展党建活动的先例，如建立学生公寓党建队伍，建立学生公寓党团活动室等，并开展了一系列活动。但建立的公寓党建工作模式与实际公寓需求存在较大的差异。目前高校公寓党建工作主要由学院助理辅导员承担，且学院助理辅导员和党建工作队伍流动性大，使得党建工作流于表面形式，实际效果并不显著，公寓党建活动难于推进，甚至难以坚持开展，很难产生立德树人的实效。

（二）党建工作思路不清晰，党建育人效果不到位

高校大多把党建工作的重点放在院系层面，学生公寓的党建工作大都还处于摸索、探索阶段。公寓党建工作应该在高校党建中担任什么样的角色和设立什么样的路径来发挥立德树人的育人效果，以及它与高校其他党建工作路径应该如何相结合还在尝试阶段。高校教育重视学生"德智体美劳"全方位的发展，但对公寓内学生在思想道德修养和行为习惯的锻炼和养成还不够重视，在公寓党建工作中缺乏全面有效的路径，难于有效落实立德树人的任务。

（三）学生公寓和学院党组织分离，难于发挥党员先进性

以"活动项目化"方式推动党建活动进公寓，以师生党团骨干团队为核心，发挥党员先锋模范带头作用，延伸了党建工作队伍的范围，同时使公寓党建工作与公寓管理工作相结合，活动项目与公寓内全体党员的培养、教育、理论学习等相融合，有利于发挥大学生优秀党员的先进性和带头作用，增强党在公寓的覆盖面和影响力，产生立德树人的效果。

（四）学生公寓党建工作创新性、延续性不高，滞后于学生需求

当前学生公寓党建工作重传承轻创新和重形式轻实效的现象普遍存在。公寓党建工作模式未能完全适应公寓实际的需求，缺乏结合学生实际需求和创新。在开展党建工作的过程中，存在活动效果不佳、教学内容缺乏针对性和实效性等问题，缺乏长期的设想规划和预期教育目标，未能真正满足公寓内学生的丰富精神需求。

三、预期目标

本方案的初衷是充分发挥师生党员骨干团队的榜样带头作用，党团共同参与"五室一站"建设，形成党团共建、积极向上、和谐温暖的宿舍文化氛围。同时，立足于党建工作"立德树人"的工作思路，利用本学院专业资源，发挥专业特色，结合学生实际需求，理顺公寓党建工作思路，实现"双实现"是党建工作发挥实效的基础。此外，对公寓的不良作风进行监督，关注和关心周围其他同学，将有关信息及时向党组织反映，让党建工作真正地融入到学生公寓中去。

以"活动项目化"方式，推动党组织进公寓的党建工作，将这一新模式进行深入开展，以期达到的预期目标有以下几点：

一是延伸党建工作的范围，使原来仅在院系班级内对学生党员的培养考察及作用的发挥延伸到了学生公寓生活区，进一步发挥党员的先进性和先锋模范作用，组建党员骨干工作团队，有针对性地开展活动及落实党团帮扶带动形式，提升学生党团活动参与率，有利于带动学生共同进步以共建文明和谐公寓，提升学生公寓党建工作的实效性。

二是落实"德才兼备、家国情怀、视野开阔，爱体育、懂艺术，能力发展性强"的人才培养目标，实现对育人文化的引领构建。通过党团共建，部门联动，院院互动等形式使梅苑9栋"一楼一特色"——党员先锋"翼"计划得到落实，以点带面，辐射到其他楼栋学生公寓，促进高水平大学学风建设和高素质人才培养工作。

四、方法设计

以师生党员骨干团队为核心，联结院内外及校内外资源，通过师长指导、优秀党员帮扶、本科学生互助小组等形式，开设线上、线下等渠道，有针对性开展党建专题活动，充分发挥党员的先锋模范作用，以此带动学生共同进步以共建文明和谐公寓，促进学校高水平大学学风建设和人才培养工作，积极投身学校学生思想政治教育"五个工程"，打好"广大底色"。

对此，主要从四个方面进行安排，分别如下：

（一）明确以"党建带舍建"推进公寓的党建工作

以学生党员为带头人，共同对党建活动内容进行创新研究，以彰显三个方面特色：一是与学校"德才兼备、家国情怀、视野开阔，爱体育、懂艺术，能力发展性强"的人才培养目标相结合；二是和时下高校党建工作热点话题相结合；三是与学院专业特色相结合，研究如何在传承上力求创新及形式与内容的统一。

（二）发挥理论研究功能，健全"党建带舍建"工作机制

因开展"党建带舍建"党建进公寓工作是适应新形势的需要，对此，要研究党建活动的开展时，如何做到"党建带舍建"的制度化、程序合理化及操作规范化。

（三）推进"党建带舍建"建设，打造党建公寓文化

以依托梅苑9栋党团活动室开辟多种教育活动为载体，组织学生党员开展以党建专题进公寓的系列活动，助推党建红色理论的有效传播。通过"党建带舍建"培养模式，有效促进学生党员对党性修养的自我提高，扩大公寓优秀群体的范围，充分发挥学生党员的先锋模范作用，带动其他同学共同进步；充分发挥党员宿舍的示范引领作用，带动其他宿舍共建文明和谐公寓，积极开展贴近学生、贴近生活、贴近实际的系列活动。

（四）以"党建带舍建"方式开展党建活动，发挥党员先锋榜样的作用

组建一支学生党员先锋队，充分发挥梅苑9栋党团活动室的主阵地作用，在活动室开展一系列理论教育活动。学院定期组织学生党员进行学习教育活动，在学生自我服务、自我管理、自我提升的过程中，加深个人的政治领悟，在公寓更好地发挥模范带头作用。

五、活动过程

为了更好地让党建活动以"党建带舍建"的方式进入公寓，具体做法如下：

（一）强化思想引领，加强理论学习与交流，推进红色楼栋建设

思想引领板块主要以主题活动推进落实。"学习讲好中国故事"主题活动通过学生党员参与指导梅苑9栋学生结合个人感悟讲述中国变化、中国文化等内容；"视听广大进行时"围绕"学年礼"对学生成长过程中的感悟进行记录，在"读原著、学经典、做表率"系列读书活动上引导带动学生结合主题活动，围绕"广大底色"及"学年礼"，就个人成长、国家社会发展等方面与领导专家进行探讨，对学生参与学习的成果进行收集及评价。在系列主题活动的基础上举办书记沙龙，由梅苑9栋党员、入党积极分子、学生代表结合每阶段活动开展及个人发展、思想提升等内容进行汇报，对"学年礼""视听广大进行时"在公寓推进支部建设规范化、创建有品质的校园生活、优良学风建设、党建工作进公寓创新模式及"千千工程"再出发等工作模式进行深入研讨，实现对每一阶段的思想建设工作进行整理总结。

本板块工作旨在形成主题活动教育——视听广大进行时记录——系列沙龙活动总结反馈的运作体系，在党建带团建的基础上把思想政治工作贯穿教育教学全过程，发

掘"思政课"与学生思想政治工作融合新模式和思路，强化全程育人、全方位育人，积极开展培育和践行社会主义核心价值观宣传教育活动，发挥党团先锋模范作用。

（二）加强宿舍文化建设，发挥党小组进公寓的作用，以党建带舍建打造大学生优秀宿舍文化

宿舍文化建设板块着重发挥党建带舍建的作用，落实打造党员、优秀团干、团员样板间、夜归考勤等措施，以优良寝风带动学风，以党员、优秀团员、团干先锋模范作用引领其他梅苑9栋同学养成良好生活习惯，强化宿舍基础管理；组织开展党团学生代表参观番禺区消防中队等安全教育活动，把宿舍安全教育落到实处，提高学生宿舍安全意识；在引导学生树立正确思想，自觉参与宿舍管理的基础上，梅苑9栋"五室一站"以带领学生宿舍打造符合"立志·修身·博学·报国"主题教育的宿舍文化为目标，引导学生践行社会主义核心价值观之文明和谐。

宿舍文化建设工作基于第一板块思想理论工作的引领，助力推进打造红色楼栋，发挥学生党员、优秀团干、团员的模范带头作用，通过新生党团干部带领同学共同参与宿舍文化建设，营造党建带舍建，积极向上，人心向学的宿舍文化氛围及宿舍文化环境。

（三）实施党员先锋"翼"计划，围绕24字人才培养目标提升学生能力，打造学生"成长社区"

党员先锋"翼"计划以提高学生素质，促进学生全面发展为目标，打造学生"成长社区"。开展"星火启创"创新教育，让学员与创业新锐、行业翘楚近距离学习交流，助力提升学生创新创业能力；开展"达人"体验营，以"学年礼"中各方面的学生达人为邀请对象，通过"达人"与学生之间的互动交流，培养学生"爱体育、懂艺术"的优秀品质；开设不同专业的学习交流活动，依托校友资源为B9楼栋内的各学院学生提供学习帮助；开展"旅享由我"等具有旅游学院特色的活动，充分运用专业资源和发挥专业特色，让梅苑9栋学生真正联动起来，主动参与其中，合力建设社区。

"成长社区"作为党员先锋"翼"计划的核心内容及依托，关注学生所需，开展创新创业帮扶、艺术熏陶、体育锻炼等活动，构建以师生党团骨干为主导，学生积极主动参与，温馨、便捷的生活学习服务体系，提高学生综合素质，强化创新创业能力，促进学生全面发展。

（四）明确组织架构及分工，完善基本设施配备

梅苑9栋结合学生实际情况，按照《广州大学学生社区"党建工作办公室"和"舍区服务办公室"运行方案（试行）》要求，在梅苑9栋党团活动室建立了党建工作办公室，党建工作办公室的主要职责和架构如表1所示。

表1　梅苑 9 栋党建工作办公室主要职责和架构

职务	人数	工作职责	备注
主任	1	做好本楼栋学生党建工作、指导"舍区办"开展工作	学院副书记
副主任	1	协助主任工作	分管辅导员（研究生）
秘书	1	日常教育管理工作	兼职辅导员（研究生）
组织委员	1	本楼栋党建办组织工作	本楼栋党员学生干部（本科生）
宣传委员	1	本楼栋党建办宣传工作	本楼栋党员学生干部（本科生）
纪检委员	1	本楼栋党员纪律检查工作、本楼栋学生纪律工作	本楼栋党员学生干部（本科生）

梅苑 9 栋党员活动的主阵地为梅苑 9 栋党团活动室。在党团活动室里，还配备日常工作的基础设施，如桌椅凳、电视、VCD、红色影碟、党报党刊等，努力将活动室建设成党的基层组织开展活动的主阵地和服务群众的平台。

六、活动效果

为落实立德树人的根本任务，助力广州大学建设高水平大学，广州大学梅苑 9 栋"五室一站"一直以来积极发挥党团先锋模范作用，高度重视红色楼栋建设工作，为此提出了开展党员先锋"翼"计划。通过动员优秀党员、预备党员和入党积极分子带动楼栋学生，助力打好"广大底色"和促进宿舍文化建设。党员先锋"翼"计划以提高学生素质，促进学生全面发展为目标，打造学生"成长社区"，关注学生所需，开展创新创业帮扶、艺术熏陶、体育锻炼等活动。构建以师生党、团骨干为主导，学生积极主动参与，温馨、便捷的生活学习服务体系，提高学生综合素质，强化创新创业能力，促进学生全面发展。

梅苑 9 栋"五室一站"主要依托党团活动室为党员教育的载体，开展红色文化、红色书籍、优秀党员代表进公寓的新尝试，并取得了新的成效。以新形式进行党团建设活动，提高了学生的思想素质与政治水平，从思想上、学习上、生活上指引了学生，做好学生成长的引路人，也有助于学生在大学阶段树立正确的价值观、人生观、世界观，成为有责任意识的新时代青年。可以说，这是立足于学生公寓的一种积极探索和有益尝试，既充分利用了"五室一站"这一平台，也能够提升学生的综合素质。

七、活动经验反思

通过开展党员先锋"翼"计划，推进红色楼栋建设的实践，学院总结了一定的经验，但也对此进行了反思。

推动支部党员联动楼栋学生进行党建，能以党建带团建，立足学生特点，找准双方需求的结合点，打破两者间的隔阂，扬长补短，实现"双促进"。这不仅能帮助学生树立服务社会的观念，也能帮助学生提高综合素质，发挥党员的先进性。此外，也广泛调动了学生党员的积极性，更好地发挥了各自的主观能动性，为学校、学院发展带来新的起色。

党员先锋"翼"计划是发挥党组织教育促进红色楼栋建设的新方式，但影响力只涉及部分党支部成员，辐射范围相对狭小。就目前而言，从大学生党建的实际需求来看，党员先锋"翼"计划还是有广阔的提升空间。尤其是在党员先锋"翼"计划将党建活动推进公寓时发现部分党员在创新创意创业方面的三创意识还不够深刻，所以对于党员先锋"翼"计划的深入推进仍有一定的阻力。应适当加强对学生党员在三创知识和能力方面的培训，使他们在联动中不仅能发挥专业优势和先锋模范作用，还能自觉在党务知识中融入三创意识，从而开展相应的活动。

第二篇　立德树人

梅苑6栋 "五室一站" 工作案例
——名师引领，助力成长

马克思主义学院　马娟

一、基本理念

成长应是"德智体美劳"的全面发展。根据广州大学24字的人才培养目标，结合学校目前高水平大学建设工作，在梅苑6栋"五室一站"继续拓展全员、全程、全方位育人格局，不断增强思想引领、育人功能，推进有品质的校园生活建设工作。积极建设"立德树人工程"以名师熏陶效应最大化为目标，紧紧围绕"名师引领，助力成长"这一主题展开系列特色活动。依托校内外名师、依托马克思主义学院"最受学生喜爱教师团队"师资队伍、依托师生"一对一"结对品牌活动的平台，在宿舍楼栋中开展多元化教育与实践活动，同时鼓励与各学院、各楼栋资源共享，并在学校更多政策支持与保障下，形成合力，齐心协力，努力将学生塑造成为全面发展的新时代大学生。

二、要解决的问题

"立德树人"是高等教育的根本任务，立何德？谁来立？如何立？马克思主义学院依托五室一站"立德树人工程"，学院领导、专业教师、班主任、辅导员与学生共同参与、拉近距离，把"立德树人"贯穿于教学、实践、科研、管理、服务等各个方面工作的全过程，通过特色活动，强化师德师风，改进思想政治教育和校园文化氛围等举措，将"立德树人"落到实处。

三、预期目标

马克思主义学院利用梅苑6栋党团活动室·综合阅览室、心情驿站·学习辅导室和休闲康体室三个功能室，围绕"名师引领，助力成长"特色项目，在思想引领、专业学习、心理健康、社会实践、就业指导、职业规划等方面，根据学生的实际需求对他们进行全方位指导，将学生宿舍生活区打造成实践育人新平台。

四、方法设计

依托马克思主义学院"最受学生喜爱教师团队"师资队伍、依托师生"一对一"结对品牌活动的平台，打造"名师引领，助力成长"特色项目。邀请名师开展"读原著、学经典、做表率"系列读书活动；邀请专家进行专业能力指导，做好学生职业规划；结合学院专业特色，加强"不忘初心、牢记使命"主题教育；开展学院领导亲参与、学生党员齐带头等活动。

五、活动过程

（一）"读原著、学经典、做表率"系列读书活动

活动一："习近平总书记在全国教育大会上的重要讲话"学习分享会

邀请马克思主义学院党委书记罗明星为马克思主义学院学生党员和梅苑6栋学生代表开展"习近平总书记在全国教育大会上的重要讲话"学习分享会，学校党委聂贵新副书记、学生处郑美玲处长、党委组织部王志明副部长、学院党委罗明星书记、学院党委朱晓军副书记、学生处廖勇老师以及全体学生党员参加了本次学习活动。广州市广播电视台《红棉璀璨》栏目中报道了本次活动（见图1）。

图1　广州市广播电视台《红棉璀璨》栏目报道马克思主义学院"五室一站"活动

罗明星书记对习近平总书记在全国教育大会上的重要讲话精神进行了解读，并从"新、高、实、深"四个方面对同学们提出了学习要求。其中"新"是指立足新时代、建立新思维、突出新内容；"高"是指高站位、高目标、高质量；"实"是指注意参照中国教育现实、注重联系个人生活实际；"深"是指深厚学理支撑、深度行动支持。

活动二：《中国共产党的70年》分享会

邀请马克思主义学院吴阳松副教授为学生党员、预备党员以及入党积极分子带来精妙的经典著作《中国共产党的70年》分享会（见图2）。中国共产党自成立以来不忘初心、牢记使命、艰苦奋斗、砥砺前行。学生党员重读红色经典，感悟红色力量，传承红色基因，延续红色精神，牢记初心使命，争做模范先锋和时代新人。

图2　吴阳松副教授在"读原著、学经典、做表率"活动现场

（二）进行专业能力指导，做好学生职业规划

活动一：基于学科核心素养的中学政治教学

"基于学科核心素养的中学政治教学"讲座邀请了广东省教育研究院陈式华教授，马克思主义学院党委书记罗明星、副书记朱晓军、学工班主任宋学来及梅苑6栋、竹苑3栋、兰苑4栋学生参加本次讲座。陈教授围绕"理直气壮开好思政课、有思有政思政魂、做'六要'思政教师、学科核心素养教学"等主题与同学们展开探讨，使同学们加强对思政课教师职业认同感，牢记使命、不负重托，落实立德树人的根本任务，要坚定信念，夯实学科知识，不断创新教学方法，努力成为具有家国情怀、德才兼备的思政教师。

活动二：思想政治教师应具备的职业素养、技能及其养成

2019年3月18日，中共中央总书记、国家主席、中央军委主席习近平在京主持召开学校思想政治理论课教师座谈会并发表重要讲话。习近平总书记的重要讲话在师生中引起强烈反响。

梅苑6栋特邀请广州市白云区教育局新市教学指导中心卢月明主任，为同学们作了主题为"思想政治教师应具备的职业素养、技能及其养成"的讲座。马克思主义学院党委副书记朱晓军、辅导员宋学来老师参加了学习活动。

（三）"不忘初心、牢记使命"主题教育系列活动

马克思主义学院党委依托梅苑6栋"五室一站"，开展学生党支部"不忘初心、牢记使命"主题教育活动，用党的创新理论武装头脑，推动在校党员学生更自觉地为实现新时代党的历史使命不懈奋斗。

活动一：收看庆祝中华人民共和国成立70周年大会

梅苑6栋"五室一站"联合马克思主义学院学生党支部共同组织国庆留宿学生统一收看庆祝中华人民共和国成立70周年大会，本次活动得到了留宿学生的热烈反响。本次活动得到了学校党委屈哨兵书记的关注，有幸邀请到校党委屈哨兵书记及学生处黄志凯处长与马克思主义学院师生共同收看庆祝中华人民共和国成立70周年大会阅兵式。活动后，屈书记要求同学们，一是要进一步感悟体会通过庆祝中华人民共和国成立70周年大会所反映的祖国取得的辉煌成就；二是要进一步感悟体会习近平总书记的重要讲话精神，坚持中国共产党领导，坚持人民主体地位，坚持中国特色社会主义道路；三是要进一步感悟体会肩上的责任和担当，自觉担负起建设祖国，实现中华民族伟大复兴的历史责任。

活动二："不忘初心、牢记使命"主题教育系列活动之重温党章

马克思主义学院学生党支部举行了"不忘初心、牢记使命"主题教育系列活动之学生党员学党章。由学生党支部书记宋学来带领全体学生党员重温党章，党章是中国共产党无产阶级政党以马克思主义党的学说为指导，结合党的建设的实践而制定的党的生活准则和行为规范，是加强党的建设的强有力的武器。党章反映党的学说发展状况，反映革命、建设和改革事业发展的进程，反映党的建设成熟的程度。仔细研究党章、准则、条例，更好地总结党的建设的经验教训，才能加强党的建设，推动革命、建设和改革事业不断向前发展。

活动三："不忘初心、牢记使命"主题教育之"志存高远，追求至善"

邀请马克思主义学院欧阳景根教授开展"志存高远，追求至善"主题讲座，马克思主义学院辅导员马娟老师以及学生党支部全体学生党员参加（见图3）。作为当代大学生应当有远大理想，从学术生涯开始之初，就要确立明确的目标。作为马克思主义者，为人民服务就是至善，希望大家可以心不妄动，知止后定，能静而安，可虑可得。知者不惑，仁者不忧，勇者不惧。要努力实现人生价值，做适合自己的事情，做有意义的事情。

图 3　欧阳景根教授参加主题教育活动

（四）学院领导亲参与，学生党员齐带头

学院党委及党政领导班子大力支持梅苑 6 栋的"五室一站"建设，一方面为党团活动室购置了一批红色经典原著书籍；另一方面号召学院学生党支部、团委学生会及社团，以饱满热情投入到"五室一站"的建设中，全力为梅苑 6 栋学生构建一个积极向上、如家般温暖和谐的"五室一站"。

六、活动效果

马克思主义学院梅苑 6 栋"五室一站"已连续三年被评为学生公寓"五室一站"。2019 年度，在以往的建设成效基础上，马克思主义学院梅苑 6 栋"五室一站"在团队建设、制度建设、特色活动、品牌打造、育人成效等方面都有了整体水平的提升。学院特色活动各具风采、主题突出，充分展示了师生良好的精神风貌，推进了有品质的校园生活建设，实现了活动效能的最大化，活动达到了预期效果。

七、活动经验反思

马克思主义学院利用梅苑 6 栋党团活动室·综合阅览室、心情驿站·学习辅导室和休闲康体室三个功能室，围绕"名师引领，助力成长"特色项目，相继举办了各类特色活动。切实凸显了"最受学生喜爱教师团队"的师资优势，在实践活动的过程中不断完善工作机制，规范工作流程，明确相关责任。通过"名师引领，助力成长"特色项目的推进，通过不断完善马克思主义学院师生一对一指导工作机制，切实在思想引领、专业学习、心理健康、社会实践、就业指导、职业规划等方面，初步实现了对学生实际需求的全方位指导，活动达到了预期效果，进一步实现了将学生宿舍生活区打造成实践育人新平台的初始目标。

梅苑 7 栋 "五室一站" 工作案例
——环保点缀生活，倡导绿色生活

环境科学与工程学院　周傲白雪

随着城市居民生活水平的不断提高，城市生活垃圾呈现出逐年增长的态势，这不仅加重了城市的环境污染，对城市的管理也带来了巨大的压力。高校的学生群体日益庞大，在这个庞大的群体中产生的生活垃圾不容小觑。现阶段，大多数高校仍然缺乏科学的垃圾分类管理体系和配套的垃圾处置措施，大学生作为未来社会发展的主力军，对环境建设有着不可推卸的责任。本文在运用实地考察、问卷调查和文献研究等方法的基础上，对广州大学梅苑 7 栋垃圾分类现状进行考察和分析，并进一步研究梅苑 7 栋垃圾分类存在的问题及其应对策略，希望能对广州大学各个学院进一步处理垃圾分类问题提供参考。

一、案例的意义

随着社会经济发展和居民物质消费水平大幅提高，我国生活垃圾产生量迅速增长，环境隐患日益突出，环境污染已经成为新型城镇化发展的制约因素之一。实施生活垃圾分类，可以有效改善城乡环境，促进资源回收利用，提高新型城镇化水平和生态文明建设水平，加快资源节约型、环境友好型社会建设。以广州大学为例，大学生的生活区每天产生的垃圾至少十吨。如果不对这些垃圾进行高效处理，"垃圾围校"将不是危言耸听，因此垃圾分类势在必行。

生活垃圾分类是践行绿色发展、贯彻落实党的十九大共建共治共享社会治理理念的重要举措，要从建设美丽校园开始，以做好校园生活垃圾分类工作为重要抓手，培养学生的生态文明素养，为打造有品质的校园添砖加瓦。一是要致力于培养学生自觉的宿舍文化意识，充分发挥学生自我教育、自我管理、自我服务、自我监督的功能，引导学生在思想上理解、行动上支持垃圾分类工作，并养成良好的绿色、文明生活习惯，创新工作机制，推动生活垃圾分类工作取得新突破。二是学生工作队伍要率先垂范，靠前指挥，积极深入"垃圾分类"主题班会第一现场和各宿舍楼第一现场指导学生开展分类工作。

二、基本理念以及预期目标

广州大学以"德才兼备、家国情怀、视野开阔，爱体育、懂艺术，能力发展性强"作为人才培养目标，坚持把立德树人作为中心环节，把思想政治工作贯穿学生工作全过程。2012年9月起，我校实施"五室一站"党建进公寓实践育人工程，以"五室一站"为平台和载体，全面推进党建进公寓，助力打造有品质的大学教育，培养德智体美劳全面发展的社会主义建设者和接班人。

从党的十八大到十九大一直提出加快生态文明体制改革，建设美丽中国。环境科学与工程学院以大学生环境保护意识教育作为核心工作，让环境保护教育不仅要进校园、还要进社区，特此成立"一楼一特色"学生党建项目活动策划小组，以"环保美化舍区，绿色点缀生活"为主题，围绕"垃圾分类"新时尚，结合国家生态文明建设精神要求及自身专业特色，从十月到十一月开展环境科学与工程学院梅苑7栋"'五室一站'垃圾分类月"系列活动，着力打造环境科学与工程学院倡导环境保护的品牌意识。

三、方法设计

1. 问卷调查法
（1）调研地点：梅苑7栋宿舍舍区。
（2）调研对象：
①大一学生（调研地点附近）；
②梅苑7栋宿舍楼保洁工；
③梅苑7栋的舍管人员（调研地点附近）。
（3）数据的资料收集方法：
①向宿舍学生发调查问卷；
②向梅苑7栋宿舍楼保洁工发调查问卷。
2. 访谈法
（1）访谈地点：梅苑7栋宿舍舍区。
（2）访谈对象：
①梅苑7栋"五室一站"学生干部；
②梅苑7栋宿舍楼保洁工；

③梅苑 7 栋的舍管人员（调研地点附近）。

（3）资料的整合：采访人对从不同对象采访所得的资料进行总结，然后再集中。

四、现象分析

学生舍区是学校的基本单元，舍区和谐是学校和谐的基础，对于大一刚刚入学的广州大学新生而言，梅苑 7 栋的学生们在舍区"垃圾分类"方面存在不少问题。

根据调查数据统计，可以看出梅苑 7 栋的楼栋新生们对学校开展的"垃圾分类"方面的认识是相当欠缺的，而且梅苑 7 栋有 84.5% 的同学们希望可以通过学校宣传来学习和认识"垃圾分类"的相关知识。（见表 1 和表 2）

表 1　同学们对"垃圾分类"的了解程度

单位：人

选项	小计	比例
没有	122	51.26%
有	116	48.74%
本题有效填写人次	238	—

表 2　同学们了解"垃圾分类"的途径

单位：人

选项	小计	比例
学校宣传	201	84.45%
学生社团	76	31.93%
自己上网查找	90	37.82%
其他	18	7.56%
本题有效填写人次	238	—

根据调查数据统计，可以看出梅苑 7 栋的楼栋新生们对学校开展"垃圾分类"这类活动普遍持有积极的态度，但是同学们对宿舍楼栋现有"垃圾分类"的相关举措存在着认识程度方面的偏差。60.5% 的同学认为现有"垃圾分类"处理方式一般，这方面反映出学生工作管理应当加强有关"垃圾分类"的宣传力度以及针对"垃圾分类"举办具有吸引力的活动来引导学生参与其中。（见表 3～表 5）

表3　同学们对"垃圾分类"效果的评价

单位：人

选项	小计	比例
好	67	28.15%
一般	144	60.5%
不好	27	11.34%
本题有效填写人次	238	—

表4　同学们对"垃圾分类"的态度

单位：人

选项	小计	比例
好	198	83.19%
不好	40	16.81%
本题有效填写人次	238	—

表5　同学们做"垃圾分类"的原因

单位：人

选项	小计	比例
能够响应政策，实行垃圾分类	152	76.77%
能够优化宿舍环境	156	78.79%
能够减轻清洁阿姨的负担	155	78.28%
其他	3	1.52%
本题有效填写人次	198	—

五、活动的过程与效果——"垃圾分类月"

梅苑7栋"五室一站"结合环境科学与工程学院自身专业特色，紧紧围绕"红色引领，不忘初心铸人魂；蓝色管理，精准服务暖人心；绿色生活，提高学生聚人情"这三大思想理念，切实发挥学生公寓党建育人、文化育人、制度育人、行为培养和品格培育的作用，积极开展"一楼一特色"活动之"垃圾分类月"，着力打造环境科学与工程学院倡导环境保护的品牌意识。

党的十九大报告提出加快生态文明体制改革，建设美丽中国。习近平总书记着重强调，我党要提供更多优质生态产品以满足人民日益增长的优美生态环境需要。环境问题是人类现代化进程中面临的一项重大挑战，它需要我们大家共同参与，唯有共治才有共享。提高公众的参与度是环保工作的一项重要内容，而环保的宣传教育作为环保工作的核心，不仅要进社区、还要进校园。

环境科学与工程学院在积极响应学校党建号召的同时，逐步探索大学生宿舍生态文明建设，结合环境专业特色，建设人与环境和谐共存的校园生态环境。让真正的环保意识、环保知识走进校园、走近学生日常生活，打造绿色校园、美丽家园、和谐社区。

1. 红色引领，不忘初心铸人魂

（1）环境科学与工程学院梅苑7栋"五室一站"工作团队联合学院学生党支部积极奉行践行"垃圾分类，党员表率先行"的理念，组织学生党员积极主动走进舍区，更换并粘贴全新的楼栋宣传栏的"垃圾分类"宣传海报（见图1），主动清洁社区楼道、走廊等卫生死角的垃圾。另外，还积极组织开展"垃圾分类问卷"调查活动。学生党员志愿者步入舍区，到宿舍中去进行垃圾分类问卷调查（见图2），给同学们讲解垃圾分类的知识，进一步提升了同学们对垃圾分类的意识。

图1　党员粘贴宣传海报　　　　　　　图2　党员问卷调查

（2）环境科学与工程学院梅苑7栋"五室一站"工作团队联合学院学生党支部划分了梅苑7栋党员责任区域，成立宿舍党员联络小组（见图3），制定值日时间表。党员志愿者们身披志愿者"垃圾分类"肩带，兵分多路，在宿舍各个楼层巡视以及在楼下垃圾桶边站岗（见图4），耐心指导路过的同学正确分类垃圾。同学们在党员志愿者的监督和耐心的指导下，了解垃圾分类相关知识，意识到垃圾分类的重要性，也提高了垃圾分类的自觉性。

图3 宿舍党员联络小组

图4 垃圾分类站岗

2. 绿色生活，提高学生聚人情

（1）为了贯彻落实"垃圾分类"实事项目，深入普及垃圾分类知识，努力提高垃圾分类的知晓率和覆盖率，梅苑7栋"五室一站"根据相关要求，组织开展"垃圾分类，伴我成长"线上答题活动。此次活动一共吸引了200多人次参与，是"五室一站"开展的历次活动中参与人数最多，参与积极性最高的活动。此次活动，让梅苑7栋的同学们对即将开展的垃圾分类活动有了更多的了解和支持，并增长了同学们的环保知识。

（2）环保知识"垃圾分类"的专题讲座。邀请环境科学与工程学院的唐进峰博士给梅苑7栋"五室一站"同学们讲解关于环境保护及垃圾分类的相关知识（见图5、图6）。讲座让环保意识、环保知识走进校园、走近梅苑7栋公寓同学们的生活中，为开展垃圾分类奠定知识基础。

图5 垃圾分类知识讲座

图6 垃圾分类现场示范

（3）垃圾分类，你画我猜。本次活动以"垃圾分类"为主题，通过"一个人画图一个人猜"的游戏（见图7），旨在让同学们意识到团结合作的重要性，以及在日常生活中如何与同学、室友和谐共处，团结一致。让同学们在游戏中了解到更多垃圾分类相关知识，增长见识，做一个讲文明、有知识的大学生！

图7 "垃圾分类,你画我猜"现场示范

（4）宿舍"雅室"比赛。同学们通过参赛,精心装扮自己的宿舍（见图8、图9）。整洁的地面、精心的装饰、才艺的展示等营造出了安静优雅、格调优美的寝室环境。雅室设计大赛的成功举行,充分展示了各个寝室团结协作和对美好生活的不懈追求。

图8 "雅室"比赛作品

图9 "雅室"优秀宿舍

六、活动经验反思

本项目通过调查发现多方面问题,如广州大学大部分学生缺乏垃圾分类知识,学校宣传力度有待提高,学生受个人习惯影响,垃圾分类实施效果不佳,分类垃圾桶设置不足,分布规划不够合理,师生及工作人员垃圾分类认知程度较低,社会对高校实施垃圾分类的关注度较低等。因此,各校大学生须主动提高环保意识,学校应完善相关基础设施、进行合理分布规划、加强对师生垃圾分类相关知识普及、对工作人员进行系统培训,政府层面应加大行动力度,提升社会关注度。

兰苑1栋 "五室一站" 工作案例
——构建 "立德树人，普法助人" 社区空间

法学院　徐珏

一、项目基本理念

本项目以营造法治氛围社区，促进大学生全面发展为核心理念。以培育和践行社会主义核心价值观为主线，以法治教育为核心，并坚持法治教育与德治教育相结合，将法治教育融入大学生的社区生活，为大学生学习法律知识、增强法制意识构建一个良好的途径。在此基础上，进一步将学生的法律知识和法律应用能力应用到为他人义务普法的层面，强调尚学与立德同步发展，激发当代大学生的社会责任感，有效提升大学生的综合素质。

二、项目预期目标

使学生初步掌握社会生活中常涉及的法律知识，提高防范意识与明辨是非善恶的能力；增强法治观念和法律意识，注重遵守规章制度以及养成学法遵法守法的良好行为习惯；在学好法律知识的基础上能较好地运用这些知识帮助有需要的人，培养高尚的道德情操，在社区营造严谨的法治氛围和良好的道德风尚。在上述基础上，根据项目的具体实施情况、实际取得的效果及过程中的不足之处，撰写形成逻辑严谨、材料翔实、内容详尽的总结，并在此基础上将项目试点的效果进行统计分析，完成下一步的项目辐射影响力计划书。

三、项目活动预期方法设计

（一）校内活动：线上线下宣传方式相结合，营造"普法助人，受助育人"的浓郁氛围

（1）在线下，首先做到法律服务进舍区。对学生宿舍区派送由兰苑1栋"五室一站"制作的普法宣传册（月刊），及时且全面地让社区学生阅览到相关法律资讯，让法治氛围在"润物细无声"的环境中走进社区。其次，增开免费法律服务咨询点。依托广州大学法学院法律咨询服务社，每周二定期在兰苑1栋一楼党团活动室开设免费法律服务咨询点。同时在梅兰竹菊四个学生宿舍区域各自挑选一栋学生宿舍"五室一站"作为试点，每月定期开设免费法律服务咨询点。让免费法律服务咨询点走出兰苑1栋，走到需要法律服务咨询的同学的身边，让有法律服务咨询需要的同学及时得到援助。并且给参与到普法工作的同学搭建相关培训和指导平台，加入到免费法律服务咨询点的队伍中，让同学们在得到锻炼、增长能力的同时树立奉献意识和服务精神。最后，丰富线下校园普法活动形式。兰苑1栋"五室一站"将不定期举办各种形式灵活的法律趣味学习游园活动，如法律知识灯谜有奖竞猜、与日常生活密切相关的法律热点事件辩论赛以及法律游园体验式活动等。

（2）线上通过易班、微信推送两种宣传方式，在网络上开设兰苑1栋"五室一站"法治宣传栏目，以"引入案例＋点评＋建议"的形式，结合当前社会热点事件，以"通俗易懂、一图看懂"的方式向同学科普案件中的法律知识，提升法律自助意识，培养法治思维，提升法治素养。

借线上线下宣传相结合的方法，尽可能提高学生的学法守法用法意识，全面提高学生的学习能力和自我保护能力。

（二）校外活动：公益普法奉献爱心，学以致用服务群众

兰苑1栋"五室一站"联合广州大学法学院法律咨询服务社，与登峰街、景泰直街以及流花街的街道办形成长期的合作关系，定时定点组织普法志愿团队参与到为社区居民提供法律咨询服务的活动中，提高同学们运用法律解决涉及基本生活自理等法律问题的实践能力，开拓参与社会治理的视野空间，让学生在为他人服务过程中树立奉献精神。

四、项目活动过程的案例叙述

在兰苑1栋"五室一站"每周二下午开放的免费法律咨询服务点，在普法咨询值班过程中，广州大学张同学来到兰苑1栋"五室一站"进行法律咨询。张同学咨询了

关于他的父亲在进行网约车接单过程中遇到的相关法律问题。

张同学的案情主要内容为，张同学父亲驾驶自家的轿车进行网约车接单，在接到乘客前往目的地过程中，与行车过程中的第三人发生交通事故并且致使第三人受伤。现场交警出具了交通事故的证明。张同学的父亲并未认真仔细的查看交通事故证明的详细内容，后来法院根据案件情况以及交警出具的交通事故证明，认定张同学的父亲负事故的全部责任。现在受伤的第三人主张张同学父亲的赔偿费用为28万元，该费用已经远远超出了交强险的赔偿限额，故张同学的父亲因此需要支付巨额的赔偿金，这对于张同学这样的普通家庭来说，是一笔支付不起的债务和负担。而张同学的父母因不理解其中保险公司不予以赔偿的法律理由，多次与自己缴纳车辆保险金的保险公司发生争执。张同学眼看父母为这笔债务与保险公司争执而焦虑，自己却帮不了什么忙，自己的内心备受煎熬，张同学也担心由于父母处理此件事情的方式不够得当，造成更加严重的后果和影响。而张同学自己也对此事情毫无头绪和办法，正为此烦恼。这段时间张同学的学业也受到了影响，无法集中精力在学业上。张同学听说了法学院"五室一站"提供免费的法律咨询，于是就来免费法律咨询点咨询志愿者。希望法律咨询能够提供解决此事的有关途径，为父母寻找理性解决问题的方式，能够减少家庭的压力。

面对张同学较为激动的情绪，咨询点志愿者在认真听取了张同学的陈述和查阅相关规定后，耐心安抚张同学并对案情进行了讲解和分析。具体包括：志愿者针对张同学的案情，首先，提供了法条依据，即《中华人民共和国保险法》第五十二条之规定："在合同有效期内，保险标的的危险程度显著增加的，被保险人应当按照合同约定及时通知保险人，保险人可以按照合同约定增加保险费或解除合同。保险人解除合同的，应当将已收取的保险费，按照合同约定扣除自保险责任开始之日起至合同解除之日止应收的部分后，退还投保人。被保险人未履行前款规定的通知义务的，因保险标的危险程度显著增加而发生的保险事故，保险人不承担赔偿保险金的责任"。

其次，志愿者对张同学父亲目前的情况进行简单分析后，给予张同学相关说明：张同学父亲所驾驶的轿车行驶证上的使用性质属于非营运车辆性质，保险单上的使用性质为家庭自用汽车。所以，张同学父亲以家庭自用的名义投保的车辆，用于从事网约车营运活动，显著增加了车辆的危险程度，作为被保险人的张同学父亲应当及时通知保险公司，如果被保险人即张同学父亲未做通知，则从事网约车营运发生的交通事故，保险公司可以在商业三者险单位内免赔。同时，为张同学解释三者险是指第三者责任险，被保险人张同学父亲或其允许的驾驶人员在使用保险车辆过程中发生意外事故，致使第三者遭受人身伤亡或财产直接损毁，依法应当由被保险人张同学父亲承担的经济责任，保险公司负责赔偿。由于张同学并不清楚其父亲是否有做及时通知保险公司的行为，故不能当场判断张同学父亲能否向保险公司主张更多的赔偿保险金。

最后，咨询点志愿者现场的建议为：让张同学回去向父亲了解一下更为详细的案情，尤其是张同学父亲是否在从事网约车之前和之时有通知车辆保险公司的行为。以便法律咨询能为张同学做出更为适合和有效的法律建议,并且普法志愿者与张同学之间相互留下了联系方式,方便后期张同学继续咨询问题,也同时有助于法律咨询的后期跟进工作。

此次咨询的几天后,张同学联系了普法咨询志愿者,张同学告诉志愿者,父亲驾驶的家庭自用汽车在用于网约车营运的时候,未告知保险公司。并询问普法志愿者面对这种情况,他应该寻找何种途径解决此次事情?志愿者耐心地向张同学解释和解答,具体后期建议为:张同学父亲没有在从事网约车营运的时候告知保险公司,按照法律规定保险公司因此在商业三者险范围内免赔,不承担赔偿责任,但张同学仍可以尝试与受伤的第三人协商或者寻求调解。

一个月之后,张同学向普法志愿者反馈情况并表达了感谢。张同学表示对本次法律咨询非常满意。据张同学叙述,在咨询志愿者之后,他将其中的法律依据和详细的说明转达给了父母,父母开始理解保险公司不予赔付部分的理由,也听取了建议,积极与受伤的第三人协商,经双方协商同意减少了张同学父亲应支付的赔偿金额。

张同学特地向给予其帮助的志愿者表示感谢,并且认为在学校宿舍区开展免费法律服务咨询是非常有意义的活动,活动最直接的受益者便是在校学生。像和他一样的在校大学生遇到家里或者自己有法律问题时,学生无法解决并有可能因此受到困扰甚至采取不理性的行为前,可以及时得到专业的法律建议和援助。这对于受到困扰的学生来说,是来自学校和同学雪中送炭般的帮助和关怀。

跟进张同学咨询问题的志愿者陈同学表示,他是法学院大二的学生,在专业学习过程中发现,仅仅是理论知识的学习,是远远不够的,通过张同学的法律咨询,陈同学才发现,自己的专业知识还需要更多的应用到实践当中,这样才可以知行合一。同时,陈同学也认为在免费法律咨询志愿活动中,收获更大的是咨询者对她服务的满意和理解,对于能够帮助他人解决难题,她感到非常满足。

五、项目活动效果

(一) 常态化的志愿普法工作有益于学生干部综合实践能力的锻造

舍区的志愿普法工作相对于法律咨询社干部过去在校外社区街道进行的普法工作而言,具有更强的针对性、更细化的具体性以及更直接的延续性。法学院以兰苑 1 栋为单位,做了一个简单的咨询问题调查统计,数据显示,超过40%的同学的意向咨询问题为日常生活中常见的但仍没有得到很好解决的问题,由此可见校园舍区设置法律咨询服务点的必要性。虽然从法律咨询中可知大多数问题介乎于道德与法律之间,如"外卖被偷了可以怎么维护自己的权利""因为信息泄露遭遇到电脑骚扰怎么办""网络购物或是从微商处购买到假冒伪劣产品如何维权"等生活指向非常明确的问题。由于这些情况在很大程度上都涉及数额大小及定性质的问题,以及可能存在没有相应的明确法律条款可以做出匹配解释的问题，这就要求作为普法志愿者需要对相关的法律知识更加熟悉。即首先需要对行为是否犯法做出定性判断，其次应该更加清楚相关的司法解释，相应的行为应适用于哪些相关的法律条文，最后结合实际情况做出咨询建议。若咨询建议不被肯定或是不足以解决咨询者的困惑，还需要后续更详细的二次反馈，这对普法志愿者做出了较高的专业水平要求。同时，这不仅要求普法志愿者需要有过硬的知识功底，良好的待人接物方式，更要求其要有一颗真诚为他人服务的心，呼吁其发挥无私奉献精神。让其在提高实践能力水平的同时锻造高尚的道德素养，是对他们的综合素质发展的良好培育途径。

（二）良好的项目成效彰显了法治氛围与人文关怀的紧密结合

在项目实施过程中，也遇到一个案例，一名家庭贫困的大二女生，在校外进行兼职工作前未签订书面劳动合同，也没有口头协议。在工作结束后，雇佣者以无证据证明两人间的雇佣关系为由拒发工资，女生因此情绪消极，心事重重。在了解到具体的情况后，普法人员向这名女生提出举证证明雇佣关系的咨询建议，如上班时的考勤表、工作记录可以作为物证，工作同事可以作为人证，就上述证据联合同事共同与雇佣者进行协商，讨还工资；协商不成，工资数额较大的情况下还可联合同事共同申请劳动仲裁机构进行仲裁，维护自己的应有权益。同时不忘提醒该女生，以后在兼职或是就业过程中，一定要选择信誉度高、操作规范的用工单位，不能盲目兼职，更要记得在看清和理解相关条款的情况下与用工单位签订劳动合同，注重保留相关证据。兰苑1栋"五室一站"党建办工作人员在了解到这些情况后，专人特意负责对这名女生进行情感疏导，开解其心结，鼓励其尽快走出消极情绪，重新投入到学生生活中来，同时对这名女生的后续情况进行为期一个月的追踪了解，确保其状态好转，能积极燃起学习和生活热情。良好的项目成效让广州大学的舍区充满着浓厚的法治氛围，而在法治氛围下的深层核心，是对学生的人文关怀，而这也是法学院"五室一站"的初衷所在。通过"免费法律咨询点"这样一个平台，了解和掌握学生遇到的法律问题，对其进行情感疏导、引导理性行为，彰显人文关怀，让学生不感无助。从而在有力的支持下正视其存在的问题，采取适当的方法进行解决，真正将普法助人的精神落到对学生的成长关怀中，深入推进挖掘项目深层价值内涵。

六、项目活动经验反思

当然法学院"五室一站"的工作也仍然存在着不足之处，整个项目实施下来，总结出了三个仍有待改善的方面：第一，宣传方式不够具有吸引力。法学院"五室一站"将丰富学习活动形式，在秉承特色项目的活动精神的基础上，继续开展更多宣传形式丰富、宣传内容新颖的法律知识普及活动。如举办有趣有效的法律游园活动、组织兰苑1栋学生到法庭进行旁听，学习开庭审理案件的程序知识等以此开创同学们更喜欢、更受益的工作模式。第二，宣传效果未达到预期。经统计，项目开展后普法咨询人数为 60 人，与预期普法咨询人数相比较，存在差距，法学院"五室一站"将加大宣传力度，多元宣传方式，争取拓展该项目的影响力，做到以点带面地促进校园法治意识的营造，做到工作辐射力度更加强劲。第三，法律咨询服务后续追踪与援助效果不佳。原先后续追踪与援助效果存在未能一对一追踪完善的问题，针对此问题创新与完善原先问题追踪与反馈援助机制，采取二对一追踪援助完善的目标，为学生提供相关的必要援助，引导其采取适当的方法解决问题。所幸的是，这些问题让大家认清过去开展工作过程中的不足，意识到前进方向所在，鼓励大家将工作压力转换成动力，从而更好地指引法学院"五室一站"继续做好舍区学生的思想政治教育工作以及楼栋特色项目工作。

最后，法学院"五室一站"寄望通过开展"以德为先，与法同行"——构建"立德树人，普法助人"社区空间工程特色项目，希望借助法学院专业优势，打造特色品牌；让学生初步掌握社会生活中常涉及的法律知识，提高防范意识与明辨是非善恶的能力；增强法治观念和法律意识，注重遵守规章制度以及养成学法遵法守法的良好行为习惯。但法学院"五室一站"最希望的是通过这样一个平台，了解和掌握学生遇到的法律问题，对其进行情感疏导、引导理性行为，彰显人文关怀，让学生不感无助。从而在有力的支持下正视其存在的问题，采取适当的方法进行解决，真正将普法助人的精神落到对学生成长关怀的实处。

兰苑 3 栋 "五室一站" 工作案例
——阅读经典，传承文化，启迪心灵

建筑与城市规划学院　林舒莹

一、基本理念

为积极响应党的十九大精神的号召，深入学习贯彻习近平新时代中国特色社会主义思想，结合广州大学"五室一站"品牌项目，促进学生党建进公寓，兰苑 3 栋"五室一站"以立德树人为目标，开展了以"阅读经典，传承文化，启迪心灵"为主题的系列活动，在经典中传承，在文化中启迪，积极探索新时代下活动的新方法和新途径，充分发挥党组织的核心作用和党员的先锋模范作用。阅读经典，聆听经典新声音；传承文化，弘扬社会主旋律；启迪心灵，涵养宿舍新氛围，以此强化兰苑 3 栋思想引领和文化引领工作，创建鲜明的视觉识别系统、营造高雅的人文环境，给予学生正面、积极的价值观引领。

二、要解决的问题

（一）加强思想引领，立足党建活动丰富楼宇生活

为培养德智体美劳全面发展的社会主义建设者和接班人，打造有品质的大学教育，广州大学实施"五室一站"党建进公寓实践育人工程。党建工作是基础也是核心，而公寓是最贴近学生生活的地方，也是最具渗透力的地方，因此在公寓中开展育人工作是较好的选择。但目前存在党建活动形式单一、范围狭窄，学生积极性不高，爱国意

识淡薄等现象。为此兰苑 3 栋深入楼宇，希望通过系列讲座、红色经典分享、知识竞赛等活动丰富党建活动新模式，紧紧围绕立德树人的目标，培养出优秀的大学生。

（二）提升宿舍涵养，打造文化学习交流平台

目前在兰苑 3 栋宿舍楼栋中有近 13 个学院的学生，其中包括本科生与研究生。宿舍中专业方向多，各年级需求不同，且存在宿舍无管理、无组织的情况，各类活动不能走出课堂，专业特色限制了学生视野发展。而"五室一站"正为丰富学生的课余生活提供了很好的机会，在这里可以进行学术交流、专业探讨、自主学习、锻炼身体。兰苑 3 栋利用展览、观影会、比赛等线上线下相结合的活动吸引学生进入"五室一站"，改变学生们以往在宿舍的沉闷氛围，利用专业融合全方位打造宿舍特色。

（三）美化学生心灵，有的放矢贴近学生实际

当代大学生专业学习速度快，思维活，但普遍存在心理承受能力差、"空心病"等现象，心理问题屡见不鲜。而宿舍作为第二个家，是一个温暖的港口，在此兰苑 3 栋将以喜闻乐见的活动吸引学生的关注，开展解忧杂货、心灵驿站等心理健康的活动，以文化育人，启迪心灵，给予学生家的温暖。

三、预期目标

建筑与城市规划学院利用兰苑 3 栋六个功能室，紧紧围绕"阅读经典，传承文化，启迪心灵"特色项目，促进三全育人，扎实推进各项工作，改变传统的教育教学模式，在思想引领、专业学习、文化摄取、兴趣发展等方面打造有效平台，从课堂走进生活，渗透性进行教育学习，努力培养出新时代全面发展的优秀大学生。

四、方法设计

1. 引进来

借用"读原著、学经典、做表率"系列读书活动、学生干部培训、"河山大好"作品展等活动，通过邀请专业教师与乐于分享的同学进入"五室一站"，展览优秀作品等方式发展学生兴趣，加强专业学习，打造有效的学习平台。

2. 走出去

开展"学习强国"微课堂、观影会等学生互动教学活动，激发思想的火花，丰富活动模式，并利用外出学习的机会开拓学生视野，积累经验。

3. 做表率

由学生党员牵头，进行党员亮身份、参与监督等以身示范，提高认识，增强党建促团建的效果。

五、活动过程

（一）阅读经典系列

1. "深入学习贯彻践行习近平新时代中国特色社会主义思想"学生干部培训班

为提升学生干部的党性修养、思想品质、专业素养，进一步培养优秀干部，促进学生全面发展，兰苑3栋"五室一站"开展了7场学生干部培训。

开班仪式上，建筑与城市规划学院党委副书记李洪波、学工办主任周世慧与团委书记江颖桥、苏展勇老师均发表讲话。李书记就如何培训发表了意见，明确了培训班的意义。其他老师则提出对学生干部的希望，并且鼓励"五室一站"与学工办加强联系，聚焦与学生、教师、家长三方，增进互相交流沟通，传递乐观向上的思想。后面的活动分别邀请了人事处李继巧老师与学院团委书记江颖桥进行分享。李继巧老师针对学生们经常使用的PS软件进行讲授，江老师则与同学们分享"坚持一学一做，做一名合格的共青团员"，并由学生干部教授相关办公技巧。通过一系列活动，同学们习得了基础的软件应用，懂得了如何在一言一行、学业生活中做一名合格党员。

2. 广州大学学生党员"读原著、学经典、做表率"系列读书活动

为响应学校的号召，推进学院文化育人，充分发挥"五室一站"党建育人功能。兰苑3栋"五室一站"积极推进"读原著、学经典、做表率"系列读书活动，并成功举办四期活动。建筑与城市规划学院陈立新书记与李洪波副书记分别为同学们做了两期读书分享，建筑与城市规划学院党支部成员以及学生参加了活动。

其中，陈书记分享书籍《红色家书》与《习近平谈治国理政》，通过对书籍的解读，追溯历史，展望未来，鼓励同学们成为有抱负、有追求、有修养的新时代青年。李书记分享了经典著作《共产党宣言》与《中国共产党的九十年》，活动上李书记向同学们讲述了他个人对著作的理解以及思考，旨在让党员和学生铭记历史，肩负责任，成为党的主力军。在互动环节上，学生们都踊跃发言，讲述了自己的读书心得："我们的美好生活都是建立在前人的血和汗上，作为当代主力军的我们应该珍惜现在的生活，努力贡献自己的一分力量！"同学们在经典中感悟，在阅读中成长，凝聚力量，书写蓝图。

3. "学习强国微课堂"系列学习教育活动

学习强国软件的普及彰显了国民素质的提升。为了实现线上线下相结合，充分体

现学生党建进公寓的目标，兰苑 3 栋"五室一站"开展了以"学习强国"为切入点，以学生的思考领悟为主的"红色"党建系列活动——"学习强国微课堂"，以学生为主讲人，活动通过收集材料、自我总结、个人演讲的方式让同学们分享优秀的人物和感人的故事。在活动中同学们都积极挖掘身边的人和事，讲述着一段段有血有肉、感人肺腑的故事。指导教师林老师表示这种形式既给同学们以心灵的洗涤，展示身边的光和热，又锻炼了同学们的表达和演讲能力。分享后，同学们纷纷表示"该形式突破传统，更贴近学生"。

（二）传承文化系列

1. "给我们一片绿地"——垃圾分类知识宣传学习系列活动

为营造良好的宿舍环境、学习环境，提升广大学子的垃圾分类意识，兰苑 3 栋"五室一站"通过张贴宣传海报、派发宣传单、定点引导的方式进行垃圾分类知识宣传指引。

与此同时，兰苑 3 栋"五室一站"分别于 2019 年 9 月 27 日和 10 月 13 日举办了"一片绿地，我的祖国"垃圾分类宣讲和"垃圾分类知多少"知识竞赛。宣讲活动由"五室一站"指导教师林舒莹主持，林老师详细讲解了垃圾分类的意义与如何分辨垃圾类别，并强调了垃圾分类的重要性：这是人类文明进步的体现，也是爱国爱家的体现。在知识竞赛活动上，同学们经过前期的学习积累，踊跃作答，回答精准到位，体现出垃圾分类普及活动的成效，相信这将会影响更多的同学，让我们的环境少一些垃圾，多一些干净。

2. 塑造个性特色，锤炼青年英才——"青年建筑师训练营"系列活动

为彰显建筑与城市规划学院特色，融合电影艺术文化，充分展现兰苑 3 栋"五室一站"学习生活与文化交流携手共进的楷模追求，特举办本系列活动。本系列活动共开展三期，参与人员为楼宇学生和"五室一站"成员。在建筑大师的故事中感悟人生，通过经典建筑类电影培养专业的审美，知行合一，雅俗共赏。本次活动通过喜闻乐见的方式培养学生们的分析与演讲能力，进一步提高了大家对建筑的认识，增强了同学们的心理调控能力。

3. "河山大好"——建筑写生学术成果展

2019 年 11 月 11 日下午，兰苑 3 栋"五室一站"在三楼心情驿站举办了"河山大好"写生速写优秀作品画展开幕式，本次画展举办至学期结束（见图 1）。建筑与城市规划学院陈立新书记莅临指导，并对"五室一站"特色活动给予了肯定和支持。此次活动安排现场解说，加强了专业性引导与解读，让同学们都沉醉在画作中，此举吸引了来自该学院和兰苑 3 栋的同学们驻足参观。

a. 画展主题封面

b. 作品1

c. 作品2

d. 作品3

e. 作品4

图1 "河山大好"活动

（三）启迪心灵系列

1. "最美中国舞"——"一楼一特色"品牌活动

为增强楼栋学生的身体素质与艺术素养，促进文化育人，兰苑3栋"五室一站"于2019年4月至10月共举办了10期"最美中国舞"教学课程，由广州大学艺术团女二团经验丰富、获奖无数的计少敏同学担任舞蹈教师。教学过程中教师讲解细致，耐心指导。兰苑3栋学生投入学习，给课余生活增添了色彩，现在已经培养了可以完整跳优美的中国舞的同学近50人。

2. 兰苑3栋党小组系列活动

为响应"垃圾分类"活动，兰苑3栋党小组在兰苑3栋开展了垃圾分类的宣讲与检查活动。党小组来到了学生宿舍，向学生们宣讲有关垃圾分类的知识，希望同学们能够准确地区分、有效地分类。这次宣讲活动提高了同学们垃圾分类的意识，为美化校园共同出力。除了垃圾分类指导活动外，兰苑 3 栋党小组还针对党员发展对象开展了群众座谈会，为确保会议机密性，座谈会以单独讨论的形式进行，由点及面，达到了良好效果。

3. "解忧树洞"——心情便利贴分享活动

兰苑 3 栋"五室一站"在本栋三楼心情驿站特别开设心情便利店，旨在为同学们搭建心理沟通平台。同学们书写心情，释放压力，为楼栋的小仙女们开辟对话新途径，此举旨在增强住宿学生的心理健康意识，提供正确的释压方式，促进心理健康成长（见图 2）。

a. 心情便利店内景　　b. 心情便利店招牌

图 2　"解忧树洞"——心情便利贴分享活动

六、活动效果

兰苑 3 栋"五室一站"围绕"阅读经典，传承文化，启迪心灵"举办了近 60 场活动，为同学们创造了更适宜的居住环境、活动环境、学习环境，吸引了近 500 名同学参与"五室一站"活动，培养了一批批优秀的学生党员与学生干部，有力地促进这个集体形成和谐友爱的氛围，也进一步提高了同学们的集体荣誉感和凝聚力，实现全面发展。同时兰苑 3 栋的活动还借助线上线下宣传方式将楼栋特色的品牌力量展现得更加有力并取得了一定的育人成效。

（一）紧抓党建工作，推进政治引领

兰苑 3 栋党建活动吸引了楼宇学生参与，由此扩大了建筑与城市规划学院"五室一站"的影响力。以党建带团建，借经典扬文化，培养了一批批优秀的学生干部与学生党员。学院站在"党建文化涵养学生"的基石上推进了有品质的党建活动建设，多形式活动结合，打造了爱国爱党、思想积极、勤奋好学的良好宿舍氛围。

（二）深耕建院特色，打造精品活动

"五室一站"与建筑与城市规划学院特色始终紧密联系，打造学生第二学习平台和对外文化沟通平台。各类特色活动的开展吸引了近 500 名非本学院的同学参与到活动中，使建筑与城市规划学院的同学得到更广阔的展示平台，得以收获更广阔的视野，兰苑 3 栋"五室一站"在活动中普及专业知识，扎实文化育人，完善文化传承。

（三）夯实基础工作，营造舒适环境

兰苑 3 栋一直以"劳动最光荣"与"绿色家园"为工作目标，自 2019 年 2 月份至今，已进行 9 次卫生大扫除，以及近 20 次的垃圾分类与预防登革热知识宣传活动，楼宇卫生得到大大改善。

七、活动经验反思

（1）凝聚经典，结合时事热点，开创多渠道的育人模式，不断加强学生思想政治引领，强化思想政治工作学生队伍建设，扎实推进教育学习活动开展。

（2）以党建带团建，发挥学生公寓党小组（党员先锋行动小组）的作用，定期组织生活和先锋行动。

（3）开拓创新，提升文化涵养，了解当代大学生特点，注重从思想、行动、心灵上打造有品质、有力量、有温度的楼栋特色活动。

（4）走出去，引进来，增强与其他学院的联系与合作，互通有无，借鉴学习，共同完善"五室一站"的建设，扩大影响力。

菊苑2栋 "五室一站" 工作案例
——引领校园垃圾分类新时尚,争做新时代环保先锋

物理与电子工程学院　叶忱

一、活动背景

(一) 垃圾处理形势严峻,分类工作势在必行

我国生活垃圾的产生量日益增长,环境隐患日益突出。大学生作为受教育程度较高的群体,其垃圾分类意识影响着我国未来垃圾分类的实施效果。根据《中国高等教育质量报告》,2018年中国各类高校达到了2 852所,中国大学生在校人数已达到3 700万。按照2015年我国人均垃圾日清运量平均为1.12千克来算,高校大学生日均产生4万多吨的垃圾。尤其在宿舍区,学生把各式各样的生活垃圾直接放在垃圾桶里,包括餐后剩饭剩菜、旧衣服、瓶子、废纸盒等,容易滋生蚊虫、出现蟑螂和老鼠,对学生健康安全造成严重的影响。虽然部分高校设置了分类的垃圾桶,但学生仍然随意扔垃圾,有些学生甚至缺乏卫生意识,把生活垃圾堆积在宿舍,整个宿舍宛如垃圾场。同时,住房和城乡建设部已确立46个先行实施生活垃圾强制分类的城市,广州正是其中之一,垃圾分类工作势在必行。

(二) 菊苑2栋"五室一站"助力,引领垃圾分类新时尚

中共中央国务院在《关于进一步加强和改进大学生思想政治教育的意见》中也明确指出,要高度重视大学生生活社区、学生公寓等的思想政治教育工作,发挥大学生自身的积极性和主动性,增强教育效果。广州大学围绕"德才兼备、家国情怀、视野开阔、爱体育、懂艺术、能力发展性强"的人才培养目标,把立德树人作为中心环节,

把思想政治工作贯穿教育教学全过程，在推进高水平大学建设进程中，注重充分发挥党组织的战斗堡垒作用、政治核心作用、思想引领作用。从 2012 年 9 月起在学生公寓设立"党团活动室、综合阅览室、互助学习室、专业辅导室、休闲康体室和心情驿站"的党建创新"书记项目"。以"五室一站"为平台和载体，全面推进党建进公寓，助力打造有品质的大学教育，培养德智体美劳全面发展的社会主义建设者和接班人。在每栋学生公寓中设立一个"党建工作办公室"和"舍区服务办公室"，楼栋学生党员、入党积极分子、楼层长、学生组织干部组成工作团队。这些架构有利于将每一栋宿舍的党员学生和入党积极分子团结起来，落实党员先锋模范作用，"亮身份、树形象、做表率"；也有利于调动非党员学生积极性，发挥他们的主观能动性，真正将学生"自我教育、自我管理、自我服务、自我监督"落到实处，广泛开展"引领垃圾分类新时尚，争做新时代环保先锋"主题教育活动。

二、基本理念与要解决的问题

（1）基本理念：为了落实立德树人根本任务，充分发挥宿舍文明建设在大学生成长成才中的育人功效，营造良好的宿舍育人环境，打造安全、整洁、文明、有序的高品质校园生活。同时，结合时事热点，针对垃圾分类工作的重要性和严峻性，以菊苑 2 栋"五室一站"为依托，在学生宿舍开展"引领垃圾分类新时尚，争做新时代环保先锋"活动，对于校园文化建设、增强大学生社会责任感和环保意识有重要意义。

（2）要解决的问题：①垃圾分类基本知识的宣传和普及；②垃圾分类工作落实过程中的执行和监管；③垃圾分类工作奖惩制度的形成和完善；④垃圾分类工作的长期运行效果。

三、预期目标与方法设计

（1）预期目标：高校宿舍文化建设是高校校园文化建设的重要组成部分，是加强和改进新时期大学生思想政治工作的重要内容，是对学生进行养成教育和检验思想政治教育成果的重要途径，具有教育引导、价值观培养、性格塑造和调节心理等的作用。希望通过在学生公寓开展垃圾分类主题教育活动，实现学生公寓垃圾量明显减少、大学生环保知识显著提升、大学生社会责任感明显增强，创建一个和谐、整洁、环保的舍区环境。

（2）方法设计：通过思想引领—操作指引—跟踪反馈—经验总结—优化实践的思路和方法，开展活动。

思想引领：为了让学生更好地理解广东省对生活垃圾分类工作的法律规定和政策制度，提高垃圾分类的积极性和执行力，菊苑 2 栋"五室一站"通过编制《生活垃圾分类宣传册》、举办"垃圾变废为宝，争做环保先锋"手工艺展活动进行垃圾分类思想引领。

操作指引：采取"互联网+"智能垃圾分类为代表的新型管理模式，学生将分类的垃圾投放在相应收集箱并称重刷卡，完成投放后IC卡自动记录奖励和积分。学生可将投放生活垃圾获得的积分用以兑换日常用品、鲜食、饮料、书籍等商品。菊苑2栋"五室一站"面向楼栋学生组织垃圾分类文明监督员培训大会，让同学们熟知垃圾分类知识，熟练掌握智能垃圾分类箱使用方法。

跟踪反馈：在活动进行过程中和过程后，对参与学生进行随机采访和对楼栋学生进行问卷调查，了解学生对垃圾分类的掌握程度和活动开展的效果。

经验总结：对反馈结果和工作中呈现出的问题进行总结分析，集思广益，探讨出更优的工作方法。

优化实践：将总结的经验方法及时更新在垃圾分类工作中，切实保障活动的高效性和指导意义。

四、活动过程与活动效果

（1）活动过程：①领导、教师和学生干部走访宿舍，进行垃圾分类知识普及；②动员楼栋132名学生党员和入党积极分子，形成垃圾分类文明监督团队；③制定文明监督员奖惩制度，进行文明监督员培训；④文明监督员排班上岗，安排学生干部配合管理；⑤开展垃圾分类知识竞赛，学习垃圾分类知识；⑥开展垃圾分类、手工艺品展，提升活动趣味性。

（2）活动效果：①活动满意度高：为更好地开展工作，切实做到"服务楼栋，服务学生"，在活动进行过程中和过程后，对参与学生进行随机采访和对楼栋学生进行问卷调查，了解学生对垃圾分类的掌握程度和活动开展的效果。调查表明，50%的学生认为活动很有意义，33.33%的学生认为活动比较有意义，仅有16.67%的学生认为没有意义。②活动参与度高：楼栋共132名学生党员和入党积极分子，全部参与到文明监督行动中。③领导重视度高：领导和教师多次到现场参观指导，身体力行参与到活动中。④表率作用明显：后续其他宿舍楼栋也陆续学习开展垃圾分类监督活动。⑤垃圾分类效果显著：菊苑2栋舍区环境更加整洁、有序，清洁阿姨高度赞扬。

第三篇　文化涵养

梅苑 2 栋 "五室一站" 工作案例
——非遗传承，党员先行

美术与设计学院　张俊业

一、基本理念

（一）响应国家号召，以中国传统手工艺为载体之一的非物质文化遗产对高校学生的美育培养有重要作用

习总书记在中共中央政治局第十八次集体学习时的讲话中强调，"中华优秀传统文化是我们最深厚的文化软实力，也是中国特色社会主义植根的文化沃土。"其中以中国传统手工艺为载体之一的非物质文化遗产对高校学生的美育培养有重要的作用。

（二）展示民族文化自信，非遗作为中华民族灿烂文化的瑰宝，凝聚着民族智慧和民族精神

非物质文化遗产（简称"非遗"）是民族文化的精华和民族智慧的结晶，是最具特色的"中国符号"，是中华艺术宝库中的瑰宝。非遗文化不仅在国内深受人们喜爱，而且引起了世界范围内的广泛关注，如韩国、日本以及东南亚的国家都非常重视非遗文化的传承与保护工作。对非物质文化遗产的传承和保护是当代中国人的责任和义务，而传承工作必须要从高校推广开始。

（三）落实学校党建工作，立足于党建进公寓、思政进公寓，深入挖掘非物质文化遗产的思想教育价值

"非遗传承，党员先行"项目以"文化涵养"为指导思想，紧紧围绕学校第三次

党员代表大会提出的奋斗目标和建设高水平大学的中心工作，立足于党建进公寓、思政进公寓，深入挖掘非物质文化遗产的思想教育价值，充分发挥公寓党小组的示范、引领作用，积极利用学院的专业优势，寓优秀传统文化于宿舍文化活动之中，师生携手将宿舍区培育成传承、弘扬优秀传统文化的沃土，同时提升学生党员在青年学生中的凝聚力和影响力，不断增强青年学生的文化认同和文化自信。

二、要解决的问题

美术与设计学院"五室一站"在分析当前党建工作和调查学生宿舍生活现状的基础上，开展以"非遗传承，党员先行"为主题的文化系列活动，尝试丰富学生宿舍的文化生活，打造非遗文化传播平台，发挥党员的先锋模范作用，打破生活区各宿舍楼栋间的资源隔阂，实现学院之间、楼栋之间的资源共享。

三、预期目标和方案设计

（一）预期目标

（1）初步构建以"非遗传承"为主题的宿舍文化活动平台，将美术与设计学院实验中心的非遗手工艺项目与宿舍文化建设相结合，形成启迪思想、陶冶情操的宿舍文化活动品牌。

（2）引导公寓党小组成员积极发挥先锋模范作用，既提高学生党员的文化修养和综合素质，又激发学生作为党员的荣誉感和使命感，让学生党员成为青年学生传承中华优秀传统文化的重要引领者和示范者。

（二）方案设计

（1）认真调研目前大学生对我国非物质文化遗产，特别是本土非物质文化遗产的认知状况和非遗传承项目开展所需要的条件，利用学院现有的实验基地优势和学校公共艺术教育中心资源，遴选出适合在宿舍区普及推广的非遗文化艺术活动形式。

（2）根据学生的兴趣爱好、实际需求，以重要政治性节日和传统佳节为契机，采取非遗文化专题讲座、知识竞赛、技艺展示和体验、主题创作比赛、作品展览等形式，将非遗文化的普及与爱国主义教育、历史文化教育、民族精神教育、审美教育有机结合。

（3）积极推广活动成果，加强与兄弟学院"五室一站"之间的交流合作，努力发动更多学生参与，采取作品交流展览的形式让活动成果惠及更多学生。

四、活动的实施

(一)"非遗传承"文化空间平台创建与运作

(1) 组建项目实施队伍。以梅苑 2 栋各学院学生党小组为骨干力量,优先在本楼栋招募参与活动的志愿者。同时邀请学院实验中心基地相关专业教师以及专业能力较强的研究生党员加入队伍。

(2) 充分利用"五室一站"功能室,除开展非遗文化活动外,还为学院青协七彩艺社志愿队伍提供日常开展扎染、彩绘、剪纸培训的场所,打造学生非遗手工艺文化空间。

(3) 构建"五室一站"独特的书画、漆画、剪纸、扎染、彩绘展览区,装饰艺术气息浓厚的多功能室,营造浓厚的美育培养氛围,邀请学院教师、研究生讲解非遗艺术的知识。

(二)非遗传承文化活动的普及与推广

在每一次非遗手工艺活动开展前,利用易班、楼栋宿舍群、楼栋里各学院党小组成员或辅导员负责的年级群等渠道进行活动的预热宣传,保证信息传播覆盖面与普及度,及时更新非遗传承活动的宣传报道,交流与分享活动的意义等。

此外,美术与设计学院"五室一站"还与学院团委学生会、党团支部、学院七彩艺社等全面合作,将非遗传承相关活动宣传给在校大学生。

(三)"非遗"系列艺术活动的实施

1. 将扎染、剪纸与彩绘非遗手工艺带进学生公寓

美术与设计学院"五室一站"与学院青协七彩艺社志愿队携手合作,每周在梅苑 2 栋各楼层功能室开展扎染、剪纸与彩绘手工艺的培训与实践课程,为同学们带来全新的艺术认识与体验(见图 1)。七彩艺社志愿队成员在课程开展中根据培训内容制作 PPT 或创造场景,对"非遗"作品进行展示,采用实物与图片相结合的方式,让同学们对传统手工艺有整体直观的认知,进而在脑海里对"非遗"产生深刻记忆,激发同学们的学习兴趣、感知能力,让其对扎染、剪纸与彩绘等非遗手工艺术产生浓厚兴趣。

a. 实践现场相互交流学习　　　　　　b. 学生各自专心创作

c. 创作作品即将完成　　　　　　　　d. 创作作品展示

图1　学生扎染、剪纸、彩绘现场实践

2. 利用讲座与比赛相结合的形式推广书法文化

为进一步推广书法文化，美术与设计学院"五室一站"特意邀请学院李锐文教授在梅苑2栋二楼党团活动室为学生开展"非物质文化遗产和端砚的制作技艺"讲座（见图2），同时组织举办了"五四薪传承——沐翰墨流香，书人生华章"现场书法大赛（见图3）。讲座与比赛相结合的形式，不仅让书法文化知识得到普及与宣传，更让同学们通过实践的方式充分感受书法的魅力。

图2　端砚的制作技艺讲座　　　　　图3　现场书法大赛

3. 利用现场参观与作品展览的形式推广漆画非遗文化

美术与设计学院"五室一站"从学院的艺术实验中心遴选出漆画这一非遗艺术形式在学生宿舍进行推广,邀请学生党员参观学院的漆画工作室,感受漆画制作的全过程。为进一步推广漆画艺术,学院策划将学生漆画作品在梅苑2栋功能室布置展览,2019年10月15日下午,在梅苑2栋五楼学生自习室举办"漆墨春秋,五室芳华"为主题的漆画作品展,学生处曾学毛副处长、李黎老师,学院蔡琼生副书记及辅导员教师莅临开幕式参观和指导(见图4、图5)。该展览邀请学院2017级研究生党员梁嘉欣同学作为本次漆画展览的专业讲解,梁同学运用专业的漆画知识与漆画制作的材料现场展示,给学生们带来专业有趣的参展体验。例如,在介绍漆画技法时,梁同学介绍了漆画发展历史中纷繁多样的创作技法,为漆画展增添了不少专业性与神秘性。学院在作品展中设置投票互动环节,通过创造者与欣赏者之间的有趣互动来拉近彼此的距离,让漆画艺术走进更多人的心中,使漆画艺术具体化为文化资源在大众中传播,使得非遗传承有了具体可行的路径。

图4 漆画作品

图5 漆画展合影

4. 打破学院间、楼栋间的隔阂，促进非遗文化资源在学生社区流动

美术与设计学院"五室一站"联合人文学院"五室一站"，利用各学院所长，于梅苑8栋举办了"书红色长征之辛，画非遗文化之精"书画连展，通过学生党员的书法、国画等非遗艺术作品与红色文化的结合，试图唤起同学们对非遗文化更深层次的思考，激发同学们的爱国情怀。同时，本次活动是打破学院间、楼栋间隔阂，促进文化资源在学生社区流动的首次尝试，旨在将学院间的非遗文化资源整合，打造全校性的、更广泛的非遗艺术文化空间平台。

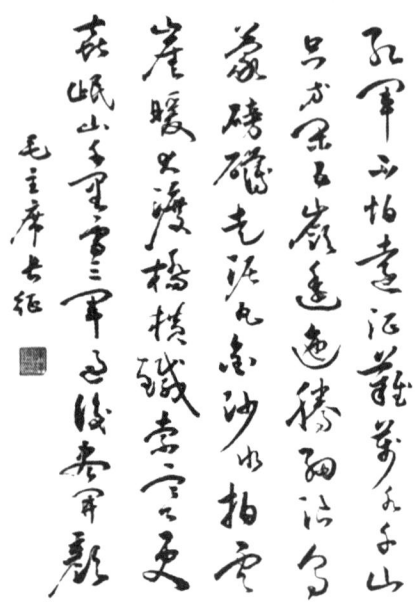

图 6　书法作品

（四）"非遗传承"宣传活动的学习与交流

充分利用易班、微信公众号等线上交流平台，对非遗艺术活动进行总结与分享，让非遗艺术活动再一次回到大家的视野，重温非遗艺术给人带来的深刻感受与审美体验。

五、活动效果

（一）集体荣誉

（1）2015年学生公寓"五室一站"工作优秀单位；
（2）2016年学生公寓"五室一站"工作优秀单位；

（3）2017 年学生公寓"五室一站"工作优秀单位；
（4）2018 年学生公寓"五室一站"工作优秀单位；
（5）2019 年学生公寓"五室一站"工作优秀单位。

（二）育人成效

（1）培养学生艺术素养，提高学生审美能力。非遗系列活动的开展，让同学们有机会探寻非遗文化中传统手工艺术的美与奥秘，从而提高当代大学生的审美情趣与艺术修养，为对艺术感兴趣的同学提供了一个良好的实践氛围和培养审美见解的平台。

（2）非遗艺术与高校美育的融合有助于促进大学生综合素质的提升。蔡元培先生曾言："所以美育者，与智育相辅而行，以图德育之完成者也。"美育是德育、智育开展的重要途径，相较于德育偏向于理性的说教，以"非遗艺术"为实体形式的美育与传统文化的融合更能潜移默化地感染青年大学生，促使他们乐于接受教育，从而提升美育的教育效果。

（3）推进中华优秀传统文化与大学校园文化建设的融合。非遗艺术传承是弘扬民族文化与民族精神的重要途径，青年大学生每时每刻都受到校园文化的熏陶，良好的文化氛围对高校美育工作的开展具有积极作用。

六、活动经验与反思

（1）以具体的非遗形式为主题办展进行推广。例如以漆画为载体的非遗作品展，邀请学院专业能力较强的学生进行艺术展示与讲解，让大家在聆听理论知识与欣赏作品中提高审美能力。

（2）充分利用学院的实验中心与艺术文化基地，可组织学生参观岭南民间传统雕刻、端砚艺术、岭南传统陶艺、广彩艺术、粤绣艺术实验室，现场观摩，切身感受非遗艺术的魅力。以漆画为例，漆画材料的特殊性使漆画很难得到普及，学校可以通过组织学生观看漆画展览、参观漆画艺术家工作室、亲身实践等方式来推广漆画艺术。

（3）在社会教育方面，非遗传统手工艺的推广长期以来依靠学术研究单位和艺术家们举办展览等形式，但这无形中限制了非遗艺术的推广。非遗艺术家和非遗学术研究单位，应多走入学生群体，以开讲座、现场示范，大众参与等形式让学生更多地认识非遗艺术。

（4）在活动实施过程中充分发挥学生党员的引领作用，吸引带动更多学生关注、接受非遗艺术。学生党员应该从旁观者的角色，转变成宣讲者和传播者的角色。通过开展非遗文化宣传活动，以此为载体搭建教师与学生之间的桥梁。教师党员不仅要传授知识，更要重视价值观和思想情感的熏陶，师生党员都理应成为传承非遗文化的实践者和引领者，携手共建丰富多彩的文化校园。

梅苑 5 栋 "五室一站" 工作案例
——成长艺术加油站

人文学院　邹艳玮
音乐舞蹈学院　廖争荣

一、基本理念

学校推进学生公寓"五室一站"项目，积极探索和构建学校学生党建工作和德育教育工作新模式，创建育人新环境，充分发挥学校学生公寓"五室一站"项目党建育人、文化育人、制度育人、行为培养和品格培育的功能。实现学生公寓"设施功能齐全、环境清新优雅、生活丰富多彩、人际关系良好、宿舍安全文明"的建设目标，促进优良校风学风形成，培养学生良好道德品质，营造健康、文明的公寓文化氛围。

梅苑5栋音乐舞蹈学院"五室一站"充分认识自身使命，发挥音乐学和舞蹈编导专业专长优势，发挥党员和入党积极分子积极作用，弘扬先进和无私的奉献精神，向本楼栋在内的广州大学的在校生提供免费的艺术培训、艺术鉴赏和熏陶，并为他们提供免费的成长技能培训。让同学们在宿舍范围内就近得到学习和练习艺术技能的机会，方便同学、服务同学、和谐住宿环境、提高艺术修养，培养更多懂艺术讲奉献的广大学子，为打造"广大底色"，做出艺术生们应有的贡献。

二、要解决的问题

学校坚持以人才培养为中心，致力于培养"德才兼备、家国情怀、视野开阔、爱体育、懂艺术，能力发展性强"的高素质创新人才。而其中"懂艺术"一项则需要加强校园文化的建设。校园文化建设对促进学生的全面发展、提高学校教育质量、创建学校特色、形成学校精神等方面有着重要意义。目前，学校非常重视校园文化建设，但据了解，也存在着以下几个问题：一是注重硬件投入，疏于管理使用；二是注重活动形式，忽视内容和过程；三是影响力不大，参与度不高。而实际上，这是对学校文化建设在开放性与选择性、创新性与制约性、自发性与管理性的挑战。

三、预期目标

扩大"成长艺术加油站"项目的影响力，提升知名度。提高学生对音乐、舞蹈、器乐的兴趣，学会感受美、欣赏美、创造美，提高学习内容的质量。以培养学生能力为主线，加强和完善教学与培养措施，促进学生个性特长的充分发挥。

四、方法设计

（一）师资力量

招募和面试来自音乐舞蹈学院的有经验和能力的学生担当培训教师。

（二）课程安排

根据教师个性特长来开设课程，主要有国标、古典舞、现代舞、民族舞、古筝、吉他、钢琴、长笛、尤克里里、流行音乐、视唱练耳、作曲、美声等课程。

（三）活动策划

撰写策划方案；租借音响、乐器等设备；借用教室；布置现场；彩排走场。

（四）多渠道宣传

（1）楼栋宣传。对梅苑5栋各间宿舍宣传艺术加油站活动，现场派发报名表，对同学们提出的疑问进行解答。

（2）新媒体宣传。制作宣传横幅、海报。发布宣传推送，附加电子报名表。

（3）晚会宣传。梅苑5栋联合竹苑2栋举办住宿生的联欢晚会，鼓励同学们上台展示才艺，为同学们提供文娱活动的同时宣传成长艺术加油站活动，呼吁同学们积极报名参加。

（五）开班过程

（1）开展开班仪式：在自我介绍与才艺表演环节，同伴老师与同学互相认识了解。

（2）上课过程：调动学生的积极性，帮助学生掌握基本的乐理或舞蹈知识，认识乐器与曲谱，并加强训练与引导，以提高熟练程度；共同商量成果展节目内容与形式。

（3）成果汇报：学期音乐、舞蹈、器乐学习成果表演；为优秀学生颁奖。

（六）后期宣传

在梅苑 5 栋"五室一站"公众号和易班平台发布一系列活动总结推送，主要内容为学生上课情况、课堂反馈、展演现场、育人成果等方面。

五、项目的实施成效

目前成长艺术加油站兴趣班已经开展了 4 期，经历了宣传阶段、发展阶段与完善阶段，从无经验到有经验，从摸索到完善。

（一）进一步推进了和谐校园建设，激发了同学们更加热爱艺术、热爱学习、热爱生活的情感

成果展为学生、教师、领导创造了一个零距离交流的平台，也创造了一个温馨融洽的氛围。成果会演深受音乐舞蹈学院领导的重视和鼓励。学生们在全体领导、教师的带领下表现出了饱满的热情、吃苦耐劳的品质和无私奉献的精神。根据学生的期末展演表现，学生展现了良好的台风和训练成果。他们能够接触到自己未曾接触过的专业知识，并且在自己手足无措的时候，能得到教师耐心的教导与示范，并取得进步，这真的很幸运。不仅仅是学生，教师们也表示，在教学的过程中，其实也是一起学习的过程，与其说是课堂，不如说是大家在一起玩音乐享受艺术，也能够将音乐舞蹈专业知识传授给非专业的同学。会演有力地促进了学生的全面发展。

（二）学会感受美、欣赏美、创造美，提高学生审美能力与审美情趣

"成长艺术加油站"艺术培训班深受广大学生欢迎，吸引了来自不同学院的同学报名参加。艺术培训班提供了一个给全校同学学习艺术，接受艺术熏陶，结识志同道合朋友与发展兴趣爱好的机会。致力于让每位参与的同学爱上艺术，投入到艺术培训当中。期末成果展更是激发了同学们的热情和提高了同学们的艺术展现与表演能力，让非专业的学生也能走上艺术的舞台。同时，从音乐舞蹈学院招收的"小教师"也得到了锻炼，提高了他们的师范技能，与学生共同成长共同进步。许多学生表示喜欢并希望能继续报名兴趣班。

（三）活动形式有趣，内容、过程丰富

音乐舞蹈艺术是最贴近人们生活的艺术形式，生活中充满音乐、旋律，亦充满舞蹈、舞动的精灵，也是最容易被人广泛接受的艺术形式。结合这一特点及自身优势，所开展的活动形式受到大家的大力追捧与支持。以免费的教学形式，让非专业学生与教师们一起学习，一起接受艺术的培养与熏陶，置身艺术、融入艺术，同时提供了多

项艺术选择，丰富了整个活动内容与过程。

（四）覆盖范围广，硬件投入得到有效管理

据统计，"成长艺术加油站"的学员包括了来自不同宿舍楼栋、不同专业的学生们，而即便报名截止日期已至，仍有大量同学询问报名情况，欲预定下学期的教学名额。并且在同学之间，经过推荐，也有许多人慕名而来报名参加。文逸楼、演艺中心专用教室得到了有效的使用及管理，"五室一站"休闲康体室的物资能够发挥功能，有效使用，让学校的硬件投入真正做到物尽其用。

六、活动经验反思

（一）各负其责、通力合作

在兴趣班的开展过程中，让每个班的"小教师"负责，做好教学工作。这样将每件工作落实到班级、教师中，教师再根据学生的特点来调整教学方法，形成人人参与的和谐局面。学生们都很热情，积极抓紧时间排练。本次活动在学生、教师、领导的支持肯定、相互协作下取得了圆满成功。特别是在节目的编排和时间、人员的协调上，每一位教师与工作人员都付出了很多。在确定节目时，都能自觉承担节目编排任务，克服了时间紧、任务多的困难，尽量不占用课上时间，合理利用课余时间进行指导和彩排。

（二）突出主题、类型多样

会演节目包括舞蹈、乐器、歌曲三个大类，具体节目保持在 10~15 个，内容积极、健康、向上，富有艺术魅力，学生参与面广。文艺会演形式内容丰富、富有特色，有伴唱、合唱、联弹、独奏、群舞等一系列精彩的节目。舞蹈姿态优雅，轻盈柔美；琴声悠然飘荡，起落有致；演唱悦耳动听，"声"入人心；欢快的舞蹈、优美的歌声充分展示了兴趣班学生的多才多艺。演出历时 1 个多小时，学生们的倾情投入和精彩的展演，赢得了来自各位领导来宾和观众们的一致好评，现场不时爆发出阵阵热烈的掌声。会场上，高潮迭起的场面，让大家都沉浸在一片喜气洋洋的欢乐气氛之中。本次活动充分体现了"五室一站"兴趣班素质教育、艺术教育的教育成果。

（三）面向全校、扩大范围

2018 年上半年，在梅苑 5 栋七楼休闲康体室及三楼党团活动室开展瑜伽和尤克里里教学活动，充分利用七楼休闲康体室的瑜伽垫、健身球、哑铃等器材，但招收人数不多、场地较为局限、服务对象狭窄。从 2018 年下半年开始，扩大招生范围，并将上课地点从"五室一站"七楼转移至广州大学教学区课室。

（四）合理沟通、灵活招生

在课程开展收获到经验之后，做出了许多改进与完善措施：

（1）分别根据所确定的课程，以党员优先向音乐舞蹈学院召集了所对应的教师，并将学生与教师划分好群组进行沟通，根据学生和教师的一致决策确定了各项课程的上课时间，极大地避免了时间冲突。

（2）由于学员人数与课程场地的特殊要求，借用了文逸楼的教室以及演艺中心部分课室进行教学，提升了教学的专业性及高效性。

（3）为了满足人数众多的教学需求，在保证教学质量的情况下，将部分班级的上限人数进行了上调，让更多的同学们参与进来。

（五）严格要求、学情监督

在兴趣班的开展过程中，发现部分学生不重视兴趣班课程的学习，以学习忙或课程难等理由而中途退出兴趣班，浪费了难得的免费兴趣班名额。也出现了部分其他学院的学生未经允许在课外时间私自占用琴房练习的情况，加剧了期末琴房资源紧张的问题。针对上述问题，制定了下列兴趣班规章制度，让同学们文明上课、履行义务。

1. 对兴趣班学员的要求

（1）准时上课，认真听课，勤奋练习，不辜负公益性艺术兴趣班给同学们创造的良好的学习机会与学习条件。

（2）因学时有限，学生请假三次或旷课一次便列入黑名单，以后不得参与兴趣班活动。

（3）因资源有限，除了上课时间和琴房开放时间，其他时间学生不得占用琴房练习。

2. 学情监督

（1）"小教师"负责监督本班学生的学习情况，完成课程任务，如果存在学生怠慢课程学习的情况，教师需要及时反映和处理。

（2）制定考勤表，定时安排助理和"小教师"进行巡堂，监督课堂纪律与教师上课情况并拍摄记录课堂教学情况。

七、总结

梅苑5栋"成长艺术加油站"艺术兴趣班培训活动在团队建设、制度建设、特色活动、品牌打造、育人成效等方面获得的经验与成就越来越丰厚，将继续为广大学生服务，不断挖掘"深度"提高教学质量，丰富教学内容与形式，创新教学方法与技巧。同时坚持拓展"宽度"，拓宽服务对象，计划新开设一些面向音乐舞蹈学院学生的课程，开展跨专业教学活动。

八、补充材料（图集）

1. "成长加油站"开班仪式

a. 集体合影　　　　　　　　b. 现场讲授

图1　"成长加油站"开班仪式

2. "成长加油站"课堂情况

a. 钢琴演练　　　　　　　　b. 舞蹈教学

c. 美学学术研讨会　　　　　　d. 教师指导

图2　"成长加油站"课堂情况

3. "成长加油站"成果展

a. 钢琴展示

b. 独舞展示

c. 吉他展示

d. 集体展示

e. 古筝展示

f. 二胡展示

g. 颁奖现场

h. 演出合影

图 3 "成长加油站"汇报演出

4. 党团活动

a. 党团活动讲授　　　　　　b. 党团活动合影

c. 党团活动讨论　　　　　　d. 党团活动观影

图 4　党团活动现场

5. "五室一站"日常工作

图 5　"五室一站"日常工作

梅苑 8 栋 "五室一站" 工作案例
——浸润红色经典，坚定文化自信

人文学院　吕延明

一、基本理念

为贯彻落实党的十九大精神及中共中央、国务院《关于加强和改进新形势下高校思想政治工作的意见》，通过弘扬中国优秀经典的传统文化，并与创新教育完美结合，结合学校"五室一站"项目，按照一个楼栋培育一个特色项目的思路，在梅苑 8 栋内唱响社会主义核心价值体系主旋律，围绕学校学生思想政治教育"五大工程"，以"文化涵养工程"为统领，坚定"不忘初心、牢记使命"的核心教育理念，发挥红色经典文化的独特魅力，以"浸润红色经典，坚定文化自信"主题为中心，开展形式多样且富有意义的特色活动。

二、现实意义

（1）通过"一楼一特色"系列活动之"传承红色经典，陶冶精彩人生"红色观影活动、"读红色经典诗词、品催人振奋岁月"红色诗词分享展、"书生意气，挥斥方遒"红色诗词书法展、"剪一段时光，留一抹馨香"红色剪纸活动、"书红色长征之辛，画非遗文化之精"联合书画展，将梅苑 8 栋 "五室一站"打造成学生文化课堂的重要阵地，真正引导梅苑 8 栋学生内涵式发展，让学生朝着广州大学"德才兼备、家国情怀、视野开阔、爱体育、懂艺术、能力发展性强"的 24 字人才培养目标迈进，同时形成梅苑 8 栋良好的文化氛围。

（2）更加充分地利用人文学院的师资和软硬件设施资源，结合梅苑 8 栋的学生实际，将红色经典活动制定成为梅苑 8 栋"五室一站"教育特色品牌的创建方案之一。将红色经典文化引入梅苑 8 栋，让更多不同专业的同学能够领略红色经典文化的魅力，培育具有民族文化品格的当代大学生。通过引导学生认识和了解红色经典与革命文化，吸收经典成果，从而更好地传承和发展中华经典传统文化。

三、预期目标

（1）将红色经典文化带进宿舍楼栋，将人文特色更多地引入梅苑 8 栋宿舍楼，通过红色经典活动展让同学们了解革命英雄精神，同时利用红色文化的传承价值培育学生的民族精神，提升学生的崇高思想境界和革命道德情操，让红色革命精神深入人心，帮助学生坚定文化自信。

（2）将红色经典与多种形式活动结合，进一步丰富梅苑 8 栋宿舍文化生活，营造浓厚的宿舍艺术气氛，展现中国经典文化的博大精深，提升当代大学生的个人文化修养、审美情趣，挥洒同学们的艺术才华，增进文化交流，让广大同学领略中国经典文化的魅力，让校园充满浓浓的书香。

四、方法设计

（1）与多方人员进行沟通交流，并结合梅苑 8 栋的学生情况，实际讨论活动方案。

（2）制定"一楼一特色"系列活动之红色经典展的活动策划书，以及当日活动的具体实施方案。

（3）创新比赛的形式与方法，开展红色经典活动，邀请梅苑 8 栋学生参与其中。

（4）通过微信群、微信公众号、朋友圈、线下宣传栏等方式进行活动的预告和宣传，对活动开展情况进行展示。

（5）红色经典系列活动的开展形式多种多样，如：

①红色观影活动是通过邀请梅苑 8 栋楼层长以及十多名舍长代表进行影片观赏以及观后感分享，从而让同学们在追忆缅怀远去的革命先辈中，获得奋发的动力；

②红色诗词分享展是通过让同学们进行红色经典诗歌朗诵以及阅读感悟分享，从而透过红色经典回首祖国的历史征程，在诗歌中感悟人生、感悟情怀；

③红色剪纸活动是将红色经典与剪纸艺术相结合，通过让同学们进行构思裁剪、设计草图、上稿、用刻刀进行剪刻，从而领略剪纸文化的魅力；

④红色诗词书法展通过让学生提前准备书法作品，并于活动当天携带其作品，由评委进行现场评比，对获奖作品进行展览，将书法与红色诗词结合来提升同学们的家国情怀；

⑤联合书画展是通过让学生阅览书法漆画剪纸作品，提高他们的审美素养，领略非遗文化和红色诗词的魅力，更加深入地了解一些相关知识。

(6) 辅导员及活动嘉宾在活动尾声对各参与者的分享与表现进行点评。

(7) 对表现优秀的同学进行表扬与鼓励。

五、活动过程

1. "传承红色经典，陶冶精彩人生"红色观影活动

2019年5月23日晚，以"传承红色经典，陶冶精彩人生"为主题的红色观影活动在梅苑8栋三楼活动室顺利开展（见图1）。辅导员张立老师、梅苑8栋楼层长以及十多名舍长代表参加了本次活动。

图1 同学们一起观看影片

本次活动的播放影片是由刘伟强执导的《建军大业》（见图2）。该片主要以1927年4月在上海发生的"四一二"反革命政变为背景，讲述了在周恩来、毛泽东、朱德等人的领导下中国共产党人开始拿起武器，先后发动南昌起义和秋收起义，开始建立人民自己的军队——中国工农红军的故事。在那个战乱频发、血雨腥风的年代，叶挺、贺龙等共产党人

图2 主持人介绍影片

与反动派斗智斗勇，不畏艰险，将南昌起义进行到底，这种大无畏精神始终鼓舞着青年一代。另一方面，毛泽东同志将马克思主义同中国实践相结合，摸索出中国社会主义的可行之路——农村包围城市，武装夺取政权。星星之火，可以燎原。一位同学在观影后发出感慨："革命先辈们用鲜血和生命为我们换来了今天的美好生活，没有他们，就没有青年一代。青年一代应该传承他们的信仰，并为信仰而努力奋斗！"

最后，张立老师对本次活动做出总结：作为新时代青年，要追忆那艰难而又催人振奋的岁月，缅怀远去的革命先辈，从中获得奋发的力量，让自己的人生更富有诗意。本次观影活动提高了同学们的思想素质，使同学们正确认识了祖国的历史和现实，增强了爱国情感和责任感，启迪同学们要高举爱国主义旗帜，自强不息、艰苦奋斗。

2. "读红色经典诗词，品催人振奋岁月"红色诗词分享

2019 年 5 月 30 日晚，红色诗词朗读分享会在梅苑 8 栋二楼党团活动室正式举行（见图 3），人文学院辅导员张立老师和二十余名同学参与了此次活动。

图 3　同学进行诗歌朗诵

在活动开始时，辅导员张立老师对本次活动进行了介绍，她指出本次活动主要为了将红色诗文带进宿舍楼栋，将人文特色更多地引入梅苑 8 栋宿舍楼。通过红色经典作品让同学们了解革命精神，同时利用红色文化的传承价值培育学生的民族精神，帮助学生坚定文化自信。随后，同学们依次上台朗读红色诗词并就其朗读的诗词做感悟分享，"北国风光，千里冰封，万里雪飘。"青年学生仿佛从毛泽东的诗词里看到了白雪皑皑的北国，那威严气势让人神往；"咱们的中国！"闻一多的《一句话》在当时喊出了多少中国人的骄傲，就算是在多年后的今天，也依旧令人心潮澎湃。红色诗词就是有如此的魅力，红色文化在美妙的朗诵声中弘扬，红色精神在悦耳的声音中深入心扉。

在活动的尾声，辅导员张立老师对本次活动进行了点评，她再次强调了红色经典诗词的作用，她希望同学们可以读经典、品经典，从红色诗词中不断获得精神食粮，从而提高自身的人文素养。这次活动，增加了同学们对红色经典诗词的认识，培养了同学们对红色文化的兴趣，增强同学们的文化认同和文化自信。

3. 梅苑 8 栋"五室一站"红色剪纸活动

为了丰富校园文化生活，增加校园生活的趣味性，2019 年 10 月 30 日下午梅苑 8 栋"五室一站"开展"红色剪纸"活动（见图 4、图 5），将红色经典与剪纸艺术相结合，带领同学们体验中国传统剪纸艺术。

活动一开始，同学们先构思好自己想要裁剪的画面，设计草图，上稿。然后用刻刀进行剪刻，剪刻完成后将其粘贴在白卡纸上，精美的剪纸作品就完成了。制作过程中同学们认真专注，一丝不苟，其间互相交流方法经验，乐于分享。通过红色剪纸活动同学们领略了中国历史悠久的传统剪纸艺术，感受并理解剪纸艺术的审美特征及其文化内涵，体悟中国传统艺术的深刻意味和趣味。提高了动手能力，有利于培养细心、耐心、专心等良好品质。

图 4　同学认真刻画图样

图 5　优秀作品展示

4. "书生意气，挥斥方遒"红色诗词书法展

为了提高学生的人文素养，调动学生热爱诗词书法文化的兴趣，满足他们对精神文化发展的需求，梅苑 8 栋"五室一站"于 2019 年 10 月 22 日下午举行了"一楼一特色"系列活动之红色诗词书法展活动。

活动开始后，助理辅导员陈玲上台发言，为同学们讲述了书法诗词的发展历史，并强调书法作为中国传统文化中不可或缺的一部分，应得到大力的弘扬与发展，同时也希望借此活动，将书法与红色诗词结合起来提升同学们的家国情怀。助理辅导员陈玲发言完毕后，参赛选手便开始进行自我作品的展示，有行书、楷书、隶书等优秀作品（见图 6）。

a.《南国》

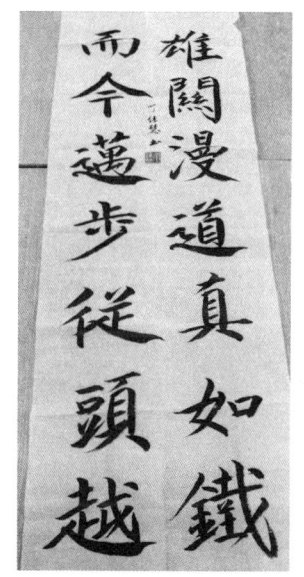

b.《七律·长征》　　　c.《忆秦娥·娄山关》

图 6　书法作品展示

作品展示完后，参赛选手们便开始进行自我书法功力的展现，并向同学们分享了自己学习书法的心得。学习书法要勤奋，贵在坚持练习，书法是没有捷径可走的，字都是一笔一画写出来的，只有刻苦勤奋、坚持练习才能有所成就。书法是一门艺术。学习书法要学会勤于思考，可以经常看字帖和历代名家大家的作品，如王羲之、欧阳询等人的优秀碑帖作品，在看作品的时候，思考字的结构、形体、笔画、用力、布局等方面，思考如何才能让一个字具有艺术感，既漂亮美观，又具有神韵。选手个人环节展示完后，评委便对作品进行现场评比，分别评出了一等奖一名，二等奖两名，三等奖三名，并为获奖选手颁发证书。

比赛结束后，在工作人员的安排下，选手们与工作人员进行合影留念（见图7）。

本次书法活动,既丰富了学生的文化生活,培养了学生的书法兴趣和爱好,又明确了正确、美观书写对学习、生活的重要性,增强了对红色诗词的热爱。至此,梅苑 8 栋"五室一站""一楼一特色"系列活动之红色诗词书法展活动顺利结束。

图 7　书法参赛选手与工作人员合影留念

5. "书红色长征之辛,画非遗文化之精"人文和美术与设计学院联合书画展

2019 年 11 月 12 日中午,广州大学人文学院和美术与设计学院"五室一站"联合书画展活动开幕式在梅苑 8 栋六楼成功举办。美术与设计学院党委副书记蔡琼生、学工办主任罗兵、马浩老师、张俊业老师、尹月老师,以及人文学院学工办主任吕延明老师、韩宝玉老师、邱锦泉老师、江凯老师参加了本次活动。

活动一开始,由梅苑 8 栋"五室一站"助理辅导员陈玲为各位领导和同学简述了此次开展书画联展活动的内容以及开展的意义,希望通过这个活动让同学们领略到非遗文化和红色经典的魅力,提高审美能力。随后,美术与设计学院党委副书记蔡琼生就本次活动发表了看法,表示了对于此类有意义的联展活动的支持和鼓励,希望同学们可以通过这些活动了解到我国优秀的非遗文化以及红色精神。

a. 蔡琼生讲话　　　　b. 吕延明讲话

图 8　美术与设计学院党委副书记蔡琼生以及人文学院学工办主任吕延明分别讲话

紧接着，人文学院学工办主任吕延明老师也简述了个人观点，吕主任认为这个活动不但可以看到书画的美，更能进行深层次的思考，回顾新中国成立以来的伟大历程，进而感受国家的伟大，激起广大学生的爱国情怀，为国家的发展壮大而不懈努力。

开幕式进行过程中，蔡书记与各位主任和教师们观赏优秀书法作品以及优秀漆画作品，相互交流感想。吕主任还为同学们讲解红色诗词背后的红色故事及其精神。最后，梅苑8栋"五室一站"助理辅导员陈玲宣布此次书画联展开幕式圆满结束，各位领导、教师与同学合影留念（见图9）。

图 9　合影留念

六、活动效果

（1）使得学生们的经典文化素养得到提高。通过"一楼一特色"系列活动之红色经典展，调动了学生热爱红色经典文化的兴趣，提高了学生们对红色诗词的了解和掌握，尽量做到文理兼修，让他们既有工科生、理科生的理性，又具有文科生的文化涵养。

（2）提升学生的综合素养和表现能力。红色经典书法文化活动的开展涉及观、读、剪、写、阅等方面，对学生综合素质提升有很大帮助。同学们通过亲身参与，既锻炼了上台展现自我的胆量，也增长了见识，开阔了眼界，为学生综合素质提升画上了浓墨重彩的一笔。

（3）形成良好的文学宿舍氛围。让宿舍区真正成为学生们的文化课堂教育的重要阵地，让经典影视诗词、剪纸、书法、书画文化的氛围在梅苑8栋蔓延开来。分享参与、比赛评比等形式，让同学们在楼栋内营造自觉进行红色经典文化传承练习的浓厚氛围，让学生们有一个既舒适又和谐且充满诗意的宿舍环境。

七、活动总结

通过本次梅苑 8 栋"一楼一特色"系列活动之红色经典展，让更多不同专业的同学能够领悟到中华红色文化的魅力。在提升楼栋文化品位的同时，在潜移默化中提高楼栋学生的文化素质和道德修养，引领青年学生不断提升精神境界，进一步将经典引入宿舍区，同时也结合学校 24 字人才培养目标，推动学校红色经典活动的开展。

此外还要懂得创新与改变，将红色经典文化用更多形式去表达和演绎，除了比赛形式，还可以以座谈会、经验分享会、打卡交流等形式去开展活动。多种途径，综合作用，形成合力，使得学生更容易掌握经典，提高学生人文素养，同时也引发学生对于红色文化的关注，培养学生的爱国热情。

梅苑 8 栋"一楼一特色"项目将会继续努力，进一步完善"五室一站"服务功能和育人功能，积极努力探索构建学生宿舍生活区特色活动开展的新模式，开设更多富有价值和意义的活动，"五室一站"与同学们共成长！

竹苑 3 栋 "五室一站" 工作案例
——"繁星—瀚海" 红色阅读汇

工商管理学院　孙碧菡

一、案例基本理念

（一）推进红色经典阅读项目，以积极贯彻习总书记文化自信，教育强国总要求为根本理念

习近平总书记强调，文化自信，是更基础、更广泛、更深厚的自信；没有高度的文化自信，没有文化的繁荣兴盛，就没有中华民族伟大复兴。提高国家文化软实力，则必须践行文化自信。"青年兴则国家兴，青年强则国家强"，国家文化软实力的提升离不开对青年大学生文化自信的培养，理应重视青年大学生的文化培养。

（二）开展红色经典阅读活动，以积极响应学校及学院人才培养目标，实现学生视野开阔为核心理念

文化自信源于中华民族深厚的文化根基，而由中国共产党人、先进分子和人民群众共同创造并极具中国特色的红色文化就是其中重要的组成部分。为贯彻"德才兼备、家国情怀、视野开阔、爱体育、懂艺术、能力发展性强"的人才培养目标，充分发挥学生阅读在培养学生"视野拓展"能力的重要作用，推进"繁星—瀚海"红色阅读汇项目的开展，积极创造学生文化阅读氛围，拓展学生文化视野，落实学校及学院人才培养相关指标。

（三）创建红色经典阅读基地，以积极落实学生舍区五育人体系，以党建带团建，促进学生素质发展为基本理念

秉承学生舍区实践育人体系的党建育人、文化育人、制度育人、行为培养和品格培育机制目标，探索以红色阅读推动大学生文化自信，通过建设 B13 "繁星—瀚海"红色阅读汇空间平台，构建与学生交流的"红色"空间，打造"红色"阅读文化，围绕学生本身出发，以党建带团建，以先锋党员小组为主要依靠，联动团员学生共同营造"红色"文化氛围。通过"红色"文化指导和培育，推动学生"红色"阅读学习与交流，开展"红色"观赏与评鉴活动，提升学生"红色"文化的学习认知。将学生对"红色"文化的学习声情并茂展现在舞台上，展示学生红色阅读成果，创新阅读形式，提升大学生文化内涵，实现学生素质全面发展。

二、案例要解决的问题

（一）提供良好的红色书香阵地，是推进红色经典阅读特色项目需解决的首要问题

随着中国特色社会主义新时代文化自信思想的提出，各高校更重视自身文化教育的现代化转型与发展，学校一直倡导传承红色经典诵读，并作为当代大学生不可或缺的素养之一。同时，如何让经典文化走出课堂，走进心里，培养学生优雅的书香气质和一种内发于心的德性涵养，是工商管理学院思政教育中的重中之重。因此，应校情院情所需，充分发挥学生公寓文化育人的作用，培育学生良好修养品质，贴近学生生活，给学生提供学习红色文化的活动场所成为推进此特色项目的首要目标，也是为打造健康积极的公寓文化氛围做好铺垫。

（二）践行特色的红色文化思政教育，是推进红色经典阅读特色项目需解决的关键问题

红色文化是具有中国特色的先进文化，具有极其丰富的内涵，涉及现代大学生学习的方方面面，尤其是自身世界观、方法论，优秀革命精神和理想的传承和构建。在高校校园文化建设中，加强红色文化教育，是人文精神的再现及思政教育的重要内容。如何在专业课程学习掌握之余，为学生构建广博而深厚的文化底蕴素质，提升人文关怀，开设红色经典文化资源类活动，是推进此品牌项目的关键问题。通过系列特色活动，实现在对学生教育的过程中真正达成教育作用，在学生公寓打造有意义的第二课堂和思政教育阵地。

（三）稳固坚定的爱党爱国信仰，是推进红色经典阅读特色项目需解决的最终问题

习总书记在党的十九大报告关于新时代中国特色社会主义的建设进程中，尤其强调在现代教育和人才培养中构建大学生的社会主义核心价值观体系的重要性。爱党爱国的信仰是学生三观最核心和最基本的要素，而在当下中国大地，"红色文化"已春潮涌动，成为新时代的主旋律。宣扬中国经典红色文化，让学生缅怀伟人，重温历史，感同身受，受益匪浅，从而了解党史、国史，研究红色文化的深刻内涵，注入时代元素，为自身发展的方方面面提供精神动力和生命力，是此特色项目的需最终解决的问题。

三、案例的预期目标和方法设计

创建"繁星—瀚海"红色阅读汇，推进红色经典阅读特色项目，在竹苑3栋打造党团活动主阵地。优化活动室书香环境，组建项目工作团队，并根据舍情，成立党员先锋小组，以党建带团建，党员带动入党积极分子。注重行动方法，抓好宣传力度，实现以下几点预期目标：

第一，在空间构建上，B13"繁星—瀚海"红色阅读汇空间建设基本完成，活动室设施基本完善，能为学生日常红色阅读、"五室一站"活动的开展提供物质基础。

第二，在项目开展上，以学生入党培养目标为出发点，发挥党建带团建的作用，鼓动学生参与红色文化活动，增强党性修养，促进国史学习。一是切实增强所在楼栋学生的入党积极性，使得学生不断向党组织靠拢，入党学生比例明显提高；二是入党积极分子、党员的党性修养得以提高，使他们对红色文化乃至中华民族文化的学习更感兴趣，更加坚定了他们的文化自信。

第三，在自身发展上，明显提高学生参与"五室一站"活动开展的积极性与自身文化素养，使大学生学习、了解红色文化，坚定文化理想信念，进一步实现"五室一站"活动室党建育人、文化育人、制度育人、行为培养和品格培育机制目标，同时增强高校思政育人的全方位、全过程发展，真正使学生在接受教育中实现教育作用。

四、案例的活动过程

红色文化是校园文化建设的重要组成部分，也是学校及学院人才培养目标的重要体现。针对当代大学生专业文化和人文素养存在衔接不够，学生自身文化自信缺失和自觉性不足的现象，尝试在学生公寓——学生的第二课堂，全力打造和完善具有文化气息的红色经典阅读特色项目，深入挖掘红色文化资源，丰富校园公寓文化内涵，在学生生活领域发挥道德教化和文化引领作用。具体实施过程如下：

(一)"红色"阅读空间创建与运作

"红色"阅读空间为项目实现的基础,由"上为繁星,下为瀚海"的"线上+线下"空间组成,通过竹苑3栋党建办和舍区办所有工作人员负责空间布置,以此进行项目申请与实施。

线下空间主要以竹苑3栋学生宿舍楼栋的活动室为主阵地,打造由红色阅读学习交流空间、观赏品鉴空间与实践展示空间三部分组成的红色阅读空间场所(见图1)。

图1 线下红色阅读空间

线上空间为开展和运营红色阅读"易班"号、空间QQ群和微信公众号,发布红色阅读活动宣传报道、红色书籍阅读指南、红色故事分享、红色经典阅读新闻等相关信息,及时更新红色阅读空间状态(见图2)。

图2 线上红色阅读空间

（二）"红色"阅读文化传播与推崇

结合"红色"阅读空间构建，通过竹苑3栋"五室一站""易班"话题和微信推送等途径，与楼层学生管理员、学院团委学生会、班集体、党支部、团支部全面合作，将红色书籍阅读指南、红色阅读活动等相关信息宣传至在校大学生。

构建"五室一站"红色书刊专栏及制定阅读规范，铺设红色阅读宣传板和红色空间背景装饰，并邀请学院教师，普及红色阅读知识，宣传红色阅读空间，营造红色阅读氛围（见图3、图4）。以在校大学生为本，积极打造红色阅读文化，形成全方位、有特色的"红色"文化传播理念。

图3　红色党建背景墙

图4　红色经典书籍阅读专栏

（三）"红色"阅读学习与交流

借助"易班"平台、微信公众号平台和"红色"学习软件平台，打造红色阅读线上学习和交流平台。开发易班"阅读打卡"功能（见图5），对大学生红色阅读活动进行记录，开展易班网络"阅读之星"评选。借助"红色"学习软件平台，宣传红色阅读知识，发布红色阅读任务，鼓励学生参与红色阅读学习和线上交流。同时，借助"易班"等线上平台，形成红色阅读学习大数据，为活动开展提供参考。

以"五室一站"活动室为主阵地，利用红色书刊专栏，开展"五室一站"

图5　易班"阅读打卡"活动

红色阅读角活动，定期开展红色读书会，积极促进学生学习交流，为学生提供阅读笔记本，收集学生学习心得并定期反馈。同时，开展红色经典导读专项活动，邀请学院专家教授，对大学生红色阅读进行指导和培育（见图6）。

图6　红色经典导读专项活动

(四) "红色"阅读观赏与品鉴

通过多种观赏与品鉴形式，倾听学生红色阅读心得体会。

利用"红色"阅读空间的投影播放设备，开展红色经典观影活动（见图7），合理布置空间桌椅，形成红色观影"小剧场"。在充分听取在校大学生的建议后，召集学生开展观影活动，并通过访问收集学生观后感。

为加强大学生人文素养，促进"红色"文化在学生基层中的传播，向广大学子征集文章笔墨，并将优秀作品集合成册（见图8），制成"五室一站"红色阅读特色刊物，邀请教师作序，最终传读于学生。

同时，开展红色经典书信活动，形成红色经典阅读小组，以书信载体征集学生红色阅读感想，小组对书信作品进行深入交流，并采用竞赛形式评选出优秀阅读感想书信。

图7　红色经典观影活动　　　　　图8　优秀征文与绘画合集

(五)"红色"阅读实践与展示

筹划红色阅读大型特色活动——"红色之声"(见图9),通过充分选取符合学生建议的红色经典桥段,鼓励学生对桥段进行"配音"。在将配音的精妙之处凸显的同时,也充分体现学生对红色经典的学习认识和感想的表达,"声临其境"般再现红色经典文化特色。

图9 "红色之声"阅读声音魅力竞选秀大赛

开展"红色小巨幕"活动,在学生对红色经典阅读的认识上,以动态形式演绎红色经典,或是拍摄形成微视频作品,或是以情景剧演绎搬上舞台,将静态文字实现立体表达,全面抒发学生红色阅读的心理体会。

除此之外,进行红色朗诵、演讲和辩论赛(见图10),把学生从红色经典阅读中的所获所得,在"五室一站"舞台上声情并茂展示出来。

图10 红色经典诵读活动

(六)"红色"阅读品牌打造与发展

为进一步擦亮"红色"底色,表彰在"红色"学习与交流、观赏与品鉴、实践与展示系列活动中表现优异的学生和团队。竹苑3栋"五室一站"工作团队全力策划跨部门、跨学院合作的活动项目,让优秀的红色阅读作品在更大的舞台上进行展示,使红色阅读进一步开展,让红色文化进一步普及,形成独具特色的"红色"品牌。

通过"红色"学习与交流、观赏与品鉴、实践与展示,让红色阅读不再停留于简单的文字获取,红色经典如繁星瀚海一般,予人以无穷的智慧,通过"阅读"获取信息,认识世界,发展思维,并获得审美体验。深化当代大学生对红色经典的了解和红色文化的学习,从而让红色文化在大学生当中进一步扎根固牢,不断在阅读中开阔视野,增强文化自信。

图11 部分红色经典优秀作品

五、案例的活动效果与经验反思

"繁星—瀚海"红色阅读汇特色活动项目开展以来,在红色活动举办规模、舍区学生参与积极性、跨学院活动学习交流、红色阅读自身创建等方面都取得了显著的成效,让红色党建和人文精神深入人心,增强了学生的思想政治素质和文化认同感。

这一年期间竹苑3栋"五室一站"共举办"繁星—瀚海"系列大型活动12场,主要包括征文活动、系列读书活动、书签设计大赛、诵读活动、红色之声配音大赛、微视频制作大赛和主题绘画活动等,总参与人次高达1 300余人,最受欢迎的红色绘画主题活动参与人数高达400余人,平均每场活动的参与人数为100余人。

活动参与范围逐渐扩大,从最初的少量楼栋各学院学生参加,到目前大量自身学院学生及楼栋各个学院学生积极参加,较好地调动了学生的活动参与度与积极性。楼栋学生涉及地理、机电、建筑、旅游、马克思、美设等13个学院,竹苑3栋"五室一站"提供的红色阅读交流平台也由工商管理学院影响至更多的学院。随着活动规模的扩大,活动场地由只能容纳30人左右的"五室一站"活动室,逐渐走向100余人的课室,再到能容纳250余人的讲学厅。

红色阅读汇空间建设基本完成,活动室设施基本完善,红色书籍增加,专设红色经典阅读栏,能较好地满足学生日常红色书籍的借阅,为学生红色阅读与交流提供场所。通过红色经典作品的阅读,明显提升了学生自身文化素养和参与"五室一站"活动开展的积极性,使更多大学生学习了解红色文化。

另外,完善学生入党培养目标,激发学生爱国热情,将爱国主义思想教育融入学生们的日常生活之中。一是增强所在楼栋学生的入党积极性,使得学生不断向党组织靠拢,入党学生人数有所增加;二是学生党性修养得以提高,对红色文化乃至中华民族文化的学习更加坚定了大学生的文化自信,增强了大学生对中华传统文化的认同感和自豪感;三是鼓励学生不忘初心,牢记使命,将个人的理想与祖国未来相结合。

尽管如此,活动还需要在如下方面进行加强与改进:首先是"红色"阅读空间构建需要不断完善,需要打造一支更专业的红色文化、党建精神传播团队;其次是深化"红色"阅读品牌,为进一步擦亮"红色"底色,在开展"红色"学习与交流、观赏与品鉴、实践与展示系列活动的基础上,可再组织策划跨部门、跨学院合作的活动项目,让优秀的红色阅读作品在更大的舞台上进行展示,形成独具特色的"红色"品牌。

竹苑 4 栋 "五室一站" 工作案例
——赏析经典,传承文化

新闻与传播学院 谭丰云

一、基本理念

党的十九大报告提出:要坚定文化自信,推动社会主义文化繁荣兴盛;没有高度的文化自信,没有文化的繁荣兴盛,就没有中华民族伟大复兴;要坚持中国特色社会主义文化发展道路,激发全民族文化创新创造活力,建设社会主义文化强国。由此,可以明确一个逻辑关系:坚定文化自信,方可坚持中国特色社会主义文化发展道路,进而建设社会主义文化强国、实现中华民族伟大复兴。那么,作为大学生,怎样才可以较好地培育文化自信、正确理解中国特色社会主义文化呢?党的十九大报告给出了重要提示:中国特色社会主义文化,源自于中华民族五千多年文明历史所孕育的中华优秀传统文化。而中华优秀传统文化的主要载体则是中国优秀传统文化经典著作。作为处于读书黄金年龄段——也是世界观、人生观、价值观形成关键期的大学生,从中国优秀传统文化经典著作中汲取营养,无疑是培育和坚定文化自信,为实现文化创新创造积蓄能量,同时也是实现自身全面发展的重要途径。

二、预期目标

从高等教育培养人才的角度看,除了各类专业知识、专业技能培训以外,高校应该朝着人的全面而自由发展的较高目标,引导大学生不断提高人文素养,尤其是立足民族优秀传统,培育文化自信。但实际上,在应用型高校,专业分割及课程体系偏重技能教学的安排,还有校内校外各类活动的诱惑、各色信息的干扰,让一般大学生很难深入学习经典著作，这势必对文化自信培育造成负面影响。将国学经典作为切入点，利用赏析经典的方式，在大学生思想教育工作中将国学经典加以渗透和运用，可推动大学生思想教育工作的有效实施。以广州大学"一楼一特色"宿舍项目为例，探索经典诵读对提升大学生思想政治教育的有效途径，旨在从传统经典中汲取教育资源，提升大学生人文修养及责任意识，引领学生成长成才。

三、活动过程

为推进广州大学高水平大学建设，秉承"博学笃行"的优良传统，紧跟学校"德才兼备、家国情怀、视野开阔，爱体育、懂艺术，能力发展性强"的人才培养目标，结合新闻与传播学院播音、编导、网媒等特色专业，开展了"赏析经典，传承文化"为主题的一系列精品活动。

（一）活动筹备

首先摸查情况，进行活动设计。对竹苑4栋学生情况进行摸查，了解他们的专业背景，并通过问卷调查了解他们对"经典"的理解，结合学校经典百书阅读推广等系列活动，初步确定适合大学生诵读的经典书目和赏析的经典影片。在实际运行过程中，分组、分年级、分专业展开活动。其次为活动开展搭建了良好的运营平台，即依托学院专业教师和优秀的研究生、本科生为主要师资队伍。最后楼栋"五室一站"党建办、舍区办、学院团委学生会和学生党支部等学生组织为活动顺利开展提供了有力的保障。

（二）活动内容

1. 第一季进行诵读技巧和公众表达能力的培训指导

现场教学一对一的培训指导和实战性演练，能在短时间内迅速提高学生的口语表达能力，增强学生在公众场合表达和展示的信心，提升大学生的综合素养。诵读技巧的专业指导，更是以不同的思维视角和新颖的表达形式来诠释经典美文，能通过诵读更加深入感受到经典的精髓。

2. 第二季开展美文朗诵专场活动

通过诵读经典美文，将优秀的作品进行最好地展现，既分享经典，又融入诵读者的感悟，同时也能展示诵读者的个人素养。真正品味经典、享受经典。

3. 第三季开展经典影片赏析活动

通过观看经典的电影、视频，分享观赏感悟，开展赏析交流会等形式，培养良好的经典赏析习惯，营造浓郁的经典赏析氛围。开展微电影、微视频拍摄与制作培训指导。由新闻与传播学院的资深教师和优秀学生进行现场教学、培训指导和实战演练，能提升学生的经典赏析能力，提高学生的拍摄技能和综合素养。另外，还不定期地开展读书分享会。通过阅读经典书目，撰写读书心得，分享读书感悟，开展阅读研讨会等形式，培养良好的阅读习惯，营造浓郁的阅读氛围。学校在宿舍楼栋设置的"五室一站"功能室有着丰富的图书资源，为学生营造了良好的阅读环境，让学生足不出户就能感受到学校的书香文化氛围。

（三）宣传报道

"赏析经典，传承文化"系列精品活动均已及时在竹苑4栋"五室一站"微信公众号宣传报道，部分特色活动还在新传党之声、广大新传团委学生会微信公众号和易班网络平台进行展示。"一楼一特色"项目活动的前期预告、进展过程及实际开展的效果等，都面向楼栋学生进行了广泛宣传。

四、活动效果

首先，促进学生进一步加深了对中国传统经典著作的认知、理解。通过参与活动，带动了部分学生对中国传统经典著作进行了深度阅读；拓宽了视野，砥砺了品质，为坚定文化自信巩固了知识基础、思想基础，必将有助于学生进一步领会中国特色社会主义文化发展战略，进一步认可和坚定中国特色社会主义理论自信、制度自信、道路自信。

其次，帮助学生实现了自我管理、自我服务、自我教育，也给学生创造了锻炼才干、展示风采的机会。在"五室一站"党建办、学院团委的引导下，活动筹备、开展过程都突出了楼栋学生的主体地位，呈现出学生宣传、发动、组织学生，学生鼓励、服务、评价学生的生动活泼的局面，有效组织楼栋学生参与其中。从教育关系看，学生是受教育者，同时也是自我教育者，凸显了学生作为教育主体的角色。学生学习和参与活动的主动性、积极性发挥较好，这必会有利于学生知识领会、才干增长、风采展示以及自信心增强。

再次，引导学生赏析经典，拓宽知识视野，全面提高学生的综合素质。项目活动既丰富学生的文学知识，提高其自身技能，又加强了学生的人文修养，有助于培养大学生的审美情趣和文化底蕴。通过专业指导和培训，提升学生的经典赏析能力与拍摄能力，引导学生树立正确的人生观和价值观，培养学生的人文艺术情怀，实现了文化和技术的融合。

最后，项目活动的开展还促进了楼栋学生之间的交流互动，共同打造优雅的生活环境，提升宿舍的文化品位，增强楼栋学生的凝聚力，创造了"诗意的栖居"环境。

五、活动经验反思

为力争"赏析经典,传承文化"系列活动真正做到久久为功,持续发挥效能,主办方应注意以下几方面:

一是机构机制有待完善。

二是遏止浮躁或虚假苗头,活动的原意就是要促进大学生文化自信培育目标在落实、落细、落小上下功夫。因时间仓促,准备略显不够充分,活动后总结评估有待全面深入。改进这些,方可能将每一场活动办得扎实、有显著效果,实现系列活动可持续发展,保证目标顺利达成。虽然,活动初见成效,但同时,活动过程中也有些许心浮气躁、弄虚作假的不良现象或苗头。若任其发展,则不只是活动真实性、有效性的问题,而是已有背离教育初衷的危险,须予以密切关注、及时纠偏、加强教导。

三是宣传报道力度有待加强,经费、精力投入须适度。

此外,还可以从以下几个方面来着手推广经典活动:

一是将经典赏析列为支部生活的活动内容。在班级团支部内部开展诗歌经典诵读等活动。在平时工作中,可以结合大学生的年龄特征,根据班级学生的实际发展水平,有目的、有计划地将诗歌经典诵读活动渗透在学生的日常生活及各学科领域,重点对学生进行内涵情操的培养,同时有针对性地培养大学生团结友爱、诚实勇敢、不怕困难、乐于助人等良好的品质。

二是利用经典赏析开展心理健康教育。心理健康教育还可以通过诵读经典增强大学生面对困难与挫折的勇气和信心。向学生讲述经典中古代的先人们自强不息、奋勇拼搏的精神,来激励学生的斗志,重新点燃他们生活的希望。

兰苑 4 栋 "五室一站" 工作案例
——涵养核心舍区文化，嘹亮时代青春之声

化学化工学院 王雅丽

一、基本理念

舍区文化是高校校园文化建设的重要内容。习近平总书记在党的十九大报告中强调了健康有序的宿舍文化对于高校学生的思想政治教育的显著作用。

化学化工学院依托学生公寓兰苑4栋"五室一站"，围绕学校人才培养目标，以学生思政教育"五大工程"为统领，针对兰苑4栋楼栋学生年级不同、专业不同，思想观念、行为方式、道德品质等呈现出多样性的特征，在舍区中开展一系列集知识性、科学性、多样性的文化涵养教育活动。并着力创建"示范党小组"，发挥党员在思想、学习、服务等方面的先锋模范作用，带动舍区文化构建工作整体前进，创新宿舍管理与服务模式，营造"和谐、高雅、优良、健康"的核心舍区文化氛围，打造高品位、高层次、高水平舍区文化。最终促进舍区环境温馨和谐，学生面貌积极向上，实现舍区建设和青春逐梦的双重目标。

二、要解决的问题

（1）兰苑4栋及化学化工学院学生对待文明宿舍的创建积极度不够高，缺少正确的引导和有力的指导；

（2）舍区文明建设活动形式不够丰富，活动覆盖面不够广。

三、预期目标

本项目通过内容丰富、形式多样的舍区文化活动，结合党小组建设中"示范党员宿舍""示范党小组"的创建，发挥党员在思想、学习、服务、劳动等方面的先锋模范作用，构建"和谐、先进、优良、健康"的核心舍区文化，培养具有责任担当、政治素养、人文底蕴、健康生活等综合素质的积极向上的时代新青年。

四、方法设计

（1）通过易班、微信公众号等平台，以及海报等形式预告"文明宿舍""文明标兵宿舍"和"党员标兵宿舍"的评选活动。组建以"党建办"牵头、"舍区办"协助检查的评选小组进行评选，将评选过程公开透明化、考查项目具体化。评选出优秀的宿舍后，通过易班、公众号等平台进行文明宿舍风采展示，大力倡导优秀先进的宿舍文化。

（2）从楼栋学生的角度策划与他们利益密切相关的活动，与学院心理卫生协会、学院团委学生会、学院学生党支部联合举办知识竞赛、心理电影赏析、红色诗词朗诵等形式多样的活动，培养有文化底蕴、政治素养、时代使命、积极向上的青年，弘扬青春健康的风气，构建"和谐、先进、优良、健康"的舍区文化。

五、活动过程

（一）创设优美环境，强化隐性教育，构建和谐社区文化

1. 建设评选"文明宿舍"，引领文明新风尚

每月通过对"五室一站"及楼栋楼道、楼梯间进行大扫除，优化宿舍整洁文明的学习生活环境，营造良好的宜学宜居的宿舍氛围，组织由"'五室一站'党建办"和"舍区办"成员组成的评分队伍对兰苑4栋学生宿舍开展"文明宿舍"和"文明标兵宿舍"的评比，共有15间宿舍获得荣誉称号；化学化工学院心理卫生协会牵头开展了"与你相'寓'，携手共成长"宿舍风采展示活动，评选出"最温馨奖""最具活力奖"和"最佳艺术奖"，并通过化学化工学院团委学生会及化苑心园微信公众号进行展示，兰苑4栋"五室一站"引导楼栋学生以积极健康的心态创建优美洁净的宿舍环境，弘扬青春正能量。

2. 举办"沟通心连心·交流面对面"宿管座谈会

构建学生与宿舍管理员间的沟通平台，加强两者的沟通交流，听取学生对宿舍管理和建设方面更多的意见和诉求，兰苑4栋"'五室一站'舍区办"牵头举办了"沟

通心连心·交流面对面"宿管座谈会（见图1）、兰苑4栋宿舍管理员韦冰作为学生宿舍管理员代表出席了此次座谈会。活动采用宿舍成员—宿舍长—楼层长—宿管逐级反映意见的形式开展，共收到近百条关于舍区管理和建设方面的意见，以及楼栋学生对于更高生活水平的诉求。楼层长在座谈会上代表同学们反映了当下宿舍管理存在的问题，也提出了很多关于改善生活环境的意见。宿舍管理员韦冰对同学们提出的问题都做了详细地回答并做记录，同时，通过宿管—楼层长—宿舍长—宿舍成员逐级传达的形式强调了违规电器及宿舍卫生问题，呼吁大家携手共创美好的生活环境。

图1 "沟通心连心·交流面对面"宿管座谈会

3. 创建"党员示范宿舍"，发挥党员先锋模范作用

通过建立完整的考核考查办法，由"党建办"委员负责统筹、组织评价、计算分数，"舍区办"成员提供部分意见，楼层长协助发放和收集考核考查评价意见，对该楼栋的学生党员进行全面考察和跟进，通过评比选出13间来自化学化工学院、环境科学与工程学院、教育学院等5个学院的"党员标兵宿舍"，并通过化学化工学院团委学生会公众号进行风采展示；组织开展"党员垃圾分类知识培训"（见图2），

图2 党员垃圾分类知识培训

增强学生党员的责任感和使命感，深入推进垃圾分类工作的进行，用行动为同学们树立榜样，带动同学们成为垃圾分类的践行者；在登革热疫情防控期间，宿舍区成为疫情防控的主要阵地，兰苑4栋"'五室一站'党建办"布置工作，组织楼栋学生党员对宿舍有无积水、有无灭蚊、有无垃圾堆积进行检查，同时向同学们宣传登革热防控知识，提醒大家在注意灭蚊、清理积水的同时，还要注意垃圾分类投放（见图3）。

图3　学生党员进宿舍宣传登革热防控知识

4. 举办垃圾分类知识竞赛，广泛普及垃圾分类知识

为进一步推进学生宿舍区生活垃圾分类工作，督促同学们成为垃圾分类的践行者、宣传者，兰苑4栋"五室一站"举办"垃圾分类知识竞赛"活动（见图4），吸引楼栋及学院约35人参加，以必答和抢答的形式开展活动，在愉悦的活动氛围中更好地促进了学生对垃圾分类知识的理解和接受，为创设优美环境添砖加瓦。

图4　垃圾分类知识竞赛活动

（二）倡导主流文化，重视精神内涵，构建先进舍区文化

1. 创建"示范党小组"，学生党员参与舍区精神文化建设

依托党小组的建立，将思想政治教育寓于宿舍文化载体之中，将"党员标兵宿舍"的评选归为党小组参与舍区精神文化建设考核的一项内容，大力宣传"党员标兵

宿舍"的先进事例；组织楼栋党小组党员在垃圾投放箱旁监督同学们正确投放生活垃圾，对于投放错误的情况，党员同志及时指出并对其进行垃圾分类知识教育，此措施不仅减轻了清洁人员的工作负担，还增强了楼栋学生的垃圾分类意识，有利于构建整洁美好的生活环境，在楼栋形成积极健康的精神风貌。

2. 院舍联动，开展思创讲坛，宣传先进主流思想

依托本学院党建工作的完整体系，充分利用"五室一站"党团活动室的物质和活动资源，实现资源和经验共享，构建相互促进的院舍联动模式。

（1）"不忘初心、牢记使命"主题教育活动。

化工系研究生党支部"不忘初心、牢记使命"主题教育系列活动——红色诗词朗诵（见图5），邀请了化学化工学院党委书记周海兵前来指导。通过朗诵红色诗词、分享创作背景及学习感想，坚定了学生党员"为人民服务"的初心和使命；化学系研究生党支部组织学习"五四运动100周年"讲话精神（见图6），学习五四运动的重要意义以及习近平总书记对新时代青年的六个要求；国庆期间兰苑4栋"五室一站"党建办组织35名留校党员、入党积极分子观看国庆阅兵直播（见图7），使爱国主义情怀深植于同学们心中，鼓舞同学们为祖国更辉煌的明天奋斗！

图5 "不忘初心、牢记使命"红色诗词朗诵

图6 化学系研究生党支部组织学习

图7 国庆节观看阅兵直播

（2）"读原著、学经典、做表率"读书活动。

化学化工学院党委书记周海兵为楼栋及学院学生党员导读《习近平总书记系列重要讲话读本》（见图8），围绕"为什么要读""读来干什么"和"怎么读"三个方面谈了学习《习近平总书记系列重要讲话读本》的目的、作用和方法。关于"为什么要读"的问题，她说，苏联共产党失败的惨痛教训告诫我们，党员理想信念的崩塌是苏联共产党失去执政党地位的根本原因，我们要吸取这深刻的教训。研读《习近平总书记系列重要讲话读本》要解决的就是党员理想信念的理论基础问题，只有加强理论学习，才能从根本上强化理想信念。谈到"读来干什么"的问题，她说，《习近平总书记系列重要讲话读本》是习近平新时代中国特色社会主义思想的"前传"，阐述的是新时代马克思主义中国化的具体问题，中国革命和建设的伟大成就证明了马克思主义中国化的道路是正确的，作为中国社会主义事业的接班人，青年党员学习《习近平总书记系列重要讲话读本》就是要用马克思主义的原理和方法论去解决中国的现实问题，增强自己的道路自信。最后，周书记建议党员同志们从历史、现实、未来三个维度，以问题为导向，带着问题去读，从中国社会的实际出发，认真读懂中国特色社会主义的理论体系，在理论和现实中增强自身的党性修养。

图8　周海兵书记导读
《习近平总书记系列重要讲话读本》

（三）拓宽学习平台，凸显开阔视野，构建优良舍区文化

舍区是延伸的"第二课堂"，为优良舍风建设提供了丰富内涵、开阔视野的平台。

1. 诵读经典，共享心得，构建书香雅居

兰苑4栋"五室一站"不断丰富综合阅览室经典百书收藏量供同学们借阅和讨论学习，定期统计"五室一站"经典百书阅读学习数据。开展"经典百书"研学沙龙，以"研本联动"的模式促进楼栋及学院研究生和本科生相互学习、交流；开展经典百书《茶馆》征文活动，先通过线上征集作品，而后选出部分获奖作品线下与楼栋及本院学生分享交流。

2. 分享交流，促进成长，明确学习目标

开展"自习打卡、健身打卡"活动，统计使用登记本的人员信息，评选"学习达人"和"健身达人"（见图9）；举办厦门大学"第二校园"访学分享会（见图10），分别从校园文化、课堂教学、学术氛围、学风情况等方面介绍厦门大学，开阔本楼栋及本学院学生的视野；举办考研经验分享会，分学校、分专业共开设5个专场，邀请考研成绩优异的大四学生分享学习方法、心路历程和其他相关事项，为准备考研的同学们提供了指南（见图11）；依托党团活动室，充分发挥"党员服务站"的功能，开展"党员小课堂"，邀请学业成绩优秀的学生党员为同学们答疑解惑，并与同学们分享其学习和工作的经验（见图12）。

"经典阅读"指标数据统计如表1所示。

图9　祝梦婷老师为"自习达人""健身达人"颁奖

图10　厦门大学系列访学分享会

图11　考研经验分享会

图12　党员小课堂

（四）创意文化活动，扮靓舍区生活，构建健康舍区文化

联合物理与电子工程学院、计算机学院和数学学院举办"从心沟通——语抒心灵，剧绎青春"心理情景剧，结合校园生活经历及思考，演绎了成长过程的不同色彩（见图13）；举办"'瑜'你相遇"瑜伽课，邀请瑜伽教师进行授课，按难度循序渐进地教授瑜伽动作，使同学们的身心得到放松，营造良好的美育氛围（见图14）；举办新生团体辅导活动，通过形式多样的互动游戏促进新生更好更快适应新环境、融入新集体（见图15）；面向本楼栋及本院学生开展"心随手动，邂逅自我"曼陀罗绘画活动，借助外在平衡来恢复内心世界，把内心的冲突以艺术的方式表达出来，整合心灵矛盾冲突，丰富心理教育形式（见图16）；开展心理电影《一袋弹子》赏析，通过观赏和分析电影，向学生宣传普及心理健康知识，引导学生关注心理健康。

表1 "经典阅读"指标数据统计

学院名称：化学化工学院　　填报人：姜文怡　　联系方式：156×××0593

序号	活动时间	活动地点	活动形式	活动主题	主办单位	活动参与人数	是否提交总结	是否提交照片	是否提交报道	其他材料
1	2019年4月26日—5月2日	—	线上读书感想/朗读作品/微型党课作品征集	"读原著、学经典、做表率"系列读书活动之《习近平关于实现中华民族伟大复兴的中国梦论述摘编》征集作品活动	兰苑4栋"五室一站"	35人	是	是	是	
2	2019年5月14日	兰苑4栋"五室一站"党团活动室	优秀读书感想/朗读作品/微型党课作品现场展示	"读原著、学经典、做表率"系列读书活动之《习近平关于实现中华民族伟大复兴的中国梦论述摘编》分享会	兰苑4栋"五室一站"	19人	是	是	是	
3	2019年5月22日—26日	—	线上朗读+读书心得作品征集	第二期"文字传承经典，朗读打动人心"经典百书系列作品征集活动	兰苑4栋"五室一站"	41人	是	是	是	
4	2019年6月19日	—	优秀朗读+读书心得作品线上展示	第二期"文字传承经典，朗读打动人心"经典百书系列阅读活动优秀作品展示	兰苑4栋"五室一站"	6人	是	是	是	
5	2019年10月22日—11月2日	—	线上读书感想/朗读作品/微型党课作品征集	"读原著、学经典、做表率"系列读书活动之《习近平总书记系列重要讲话读本》征集活动	兰苑4栋"五室一站"	10人	是	是	是	
6	2019年11月12日	兰苑4栋"五室一站"党团活动室	优秀读书感想/朗读作品/微型党课作品现场展示	"读原著、学经典、做表率"系列读书活动之《习近平总书记系列重要讲话读本》分享会	兰苑4栋"五室一站"	22人	是	是	是	
7	2019年10月20日—28日	—	优秀征文	经典百书《茶馆》读后感作品征集活动	兰苑4栋"五室一站"	209人	是	是	是	
8	2019年11月15日	兰苑4栋综合阅览室	现场分享读书心得	经典百书《茶馆》读书分享会	兰苑4栋"五室一站"	13人	是	是	是	

图13 四院联合举办心理情景剧

图14 "'瑜'你相遇"瑜伽课

图15 新生团体辅导

图16 "心随手动,邂逅自我"曼陀罗绘画活动

六、活动效果

(1) 通过每月的卫生大扫除,为楼栋学生提供了整洁舒适的活动场所和居住环境。"文明宿舍""文明标兵宿舍"的评比和风采展示鼓舞了同学们积极参与到文明宿舍的建设活动中。"与你相'寓',携手共成长"宿舍风采展示,增加了同学们对宿舍文明建设的关注。在兰苑4栋及化学化工学院均宣传弘扬了健康规律的生活作息和积极向上的生活态度。"沟通心连心·交流面对面"宿管座谈会为学生倾诉心声提供了平台,加强了楼栋学生与管理者之间的沟通机制。"党员标兵宿舍"的评选、学生党员垃圾分类知识的培训、登革热防控知识的宣传不仅提醒了学生党员自身肩负着责任感和时代使命感,要在生活和学习中起到先锋模范作用,而且也促使楼栋及学院学生更积极响应学校号召,构建和谐舍区。

(2) 开展"不忘初心、牢记使命"主题教育活动,让党员同志对时代和自我进行深刻思考,坚定了学生党员"为人民服务"的初心和使命;通过开展"读原著、学经典、做表率"党员读书会,引导学生党员学习党的创新理论和先进政策,将其实践于学习、工作和生活中;通过观看国庆阅兵直播,增强自豪感,使爱国主义情怀深植于同学们心中。通过系列活动的开展,大力弘扬红色主流文化,从而带动舍区精神文明建设。

(3)在舍区开展"经典百书"系列学习活动,拓宽了学生学习平台,在楼栋及本院营造了浓厚的阅读氛围,提升学生的人文精神和科学素养;开展访学分享会、考研经验分享会等,为学生提供了学习的方向指南,明确了学习目标,开阔了学生视野。

(4)举行瑜伽课、曼陀罗绘画等一系列形式多样的身心健康教育活动,从"身"和"心"共抓学生的心理健康教育,使得学生更加关注心理健康,学会通过恰当的途径排解压力。

七、活动经验反思

(1)楼栋人员众多,来自不同的学院和年级,兰苑 4 栋现居住的学生中,86.5%为毕业班学生。大四学生对于舍区文化建设的积极性不高,参与活动的人数较少;

(2)楼栋大四学生面临毕业、考研、就业等各方面的压力,如何从舍区卫生环境、舍区文化建设方面为他们提供帮助和便利,需要进一步思考。

兰苑 5 栋 "五室一站" 工作案例
——传承经典，国学讲堂

数学与信息科学学院　郭翠敏

一、基本理念

中华优秀传统文化是中华民族的精神命脉，是涵养社会主义核心价值观的重要源泉。"传承经典，国学讲堂"进公寓是广州大学数学与信息科学学院推进文化涵养育人工作的新形式，由学院党委副书记孙凌负责并主持。从 2017 年开始启动，至今已经举办 3 期。"传承经典，国学讲堂"以回归传统文化为主旨，契合大学生教育的时代需求。邀请该领域的资深教师做主讲，以比赛、分享会的形式开展，以学生所喜选定国学讲堂。本学年有四大名著导读、汉服文化、书法比赛、国画比赛四大活动。其中，书法比赛的活动持续了三年并且在"五室一站"成立了"中华书法训练营"，把该活动做到日常化、规范化。该项目自启动以来，通过系列活动激发了学生的家国情怀，陶冶性情，修身养性，促使学生树立正确的人生观和价值观，以文化兴盛为支撑、以精神文化为力量推动社会健康发展。本学院与本楼栋有不少少数民族同学，通过活动鼓励与带领少数民族同学参与，以中华文化交流方式促进民族大团结，共同感受中华文化的博大精深。

二、要解决的问题

中共中央总书记、国家主席习近平同志说："一个国家、一个民族的强盛，总是以文化兴盛为支撑的，中华民族伟大复兴需要以中华文化发展繁荣为条件"。近年来，我国对外开放的深化客观上给中华传统文化带来相当严重的冲击。各种外来文化特别是西方文化的影响已经深入到社会经济和文化生活的方方面面，尤其在青少年人群中，存在片面追究西方文化、忽视本民族文化的现象，所以亟待引起重视。另外，传承经典，国学讲堂的活动形式不够丰富，活动覆盖面不够广，未能有针对性地调动大学生对待传统文化的积极性，需要开展一系列多元素多形式且契合大学生主题内容的活动。再有，新疆少数民族学生中华文化的涵养相对薄弱，对中华文化知识的了解也相对较少，走近国学可让新疆少数民族学生感受国学魅力与品质。该项目以中华传统文化培养爱国情操，很好地通过走近国学，走近传统文化，以文化涵养培养学生的家国情怀，培养德才兼备的广州大学优秀学子。

三、预期目标

（1）让兰苑5栋学生都知道并且熟悉国学讲堂。

（2）让大部分兰苑5栋及数学与信息科学学院的学生都参与到国学讲堂的活动中，并且取得多数认可的评价，逐步将影响扩大到其他楼栋。

（3）通过国学讲堂系列活动的开展，逐步形成大家热爱中华传统文化的风气，促使同学们主动学习并传播国学文化。

（4）国学讲堂成为兰苑5栋的品牌项目，活动参加的人员覆盖所有宿舍楼栋，为营造学校传统文化氛围，培育优良学风树立标杆。

（5）能够使新疆少数民族学生与汉族学生更好地相互了解和文化交融。

四、方法设计

（1）先通过让本楼栋学生投票和在楼栋微信群征集意见的方式了解同学们对于国学讲堂具体活动主题的意愿，从而决定开展哪些主题的特色活动。

（2）邀请名师专家进行讲解，和与相关的校级协会合作，请他们做活动的"小教师"，或者由数学与信息科学学院的辅导员来联系相关教师，再进一步沟通关于活动的内容。

（3）通过易班、微信公众号等平台，以及海报等形式做活动预告，并附带报名方式。以建群的形式告知学生参与活动的细节。并在活动结束后做总结推文，写活动的总结反思，期望以后的活动让更多的学生了解传统文化。

五、活动过程

1. 四大名著导读活动

四大名著是中国文学史中的经典作品，是宝贵的文化遗产。四大名著承载着无数文化精华，在浩瀚如烟的古典小说领域中如四座屹立不倒的高山，任沧海桑田如何变幻，其伟岸身姿始终不被湮灭。为增强广大学生的传统文化底蕴，提高传统文化影响力，从而促进学校学生思想政治教育的全面发展，让学生了解中国传统文化，提高学生的人文修养，兰苑5栋"五室一站"开展四大名著导读活动。期望在舍区逐步形成大家热爱中华传统文化，主动学习传播其他中华传统文化的风气。本次活动邀请的主讲教师是广州大学新闻与传播学院的席红老师，领导高度重视本次活动，副书记孙凌老师，辅导员何燕惠老师出席此次活动，关注同学们的学习和精神生活。

四大名著导读活动在"五室一站"二楼活动室举行。活动中，席红老师漫谈四大名著，并且列举了多个例子，告诉大家要学会走近、走进四大名著。席红老师还着重详谈如何从"走近"到"走进"四大名著的转变，引人入胜（见图1、图2）。

图1　席红老师讲解　　　　　　　　图2　同学们认真听讲

最后，孙凌副书记总结：阅读经典可以通过文学作品来体会人物的性格，了解时代背景（见图3、图4）。平凡的文字也能带给人们不一样的感受，应该摒弃快餐文化，多品读经典名著。

图3　孙凌副书记总结　　　　　　　图4　活动大合照

这次四大名著导读活动让同学们在怡情悦性的同时，更深刻地理解自己的文化。新疆少数民族学生中华文化的涵养相对薄弱，对中华文化知识的了解也相对较少，走近四大名著活动也让新疆少数民族学生能够陶冶性情，修身养性，树立正确人生观和价值观的途径。这次活动也为新疆少数民族学生与汉族学生相互交流中华文化提供了平台，促进了双方更好地了解中华文化的博大精深。

2. 汉服活动

服饰文化作为一个国家的形象表征，作为历史与传统的呈现载体，直接向外界传达着这片土地上的人民群众的生活状态。汉服作为古代中华民族的传统服饰，是中华优秀传统文化重要的组成部分。为了让广大学子进一步了解汉服，兰苑5栋"五室一站"携手广州大学汉服社于2019年10月在二楼活动室一起举办了"传承经典，国学讲堂之汉服"活动。

本次活动分为四个部分进行，分别是汉服知识讲解、提问环节、汉服试穿环节和视频学习。首先，由汉服社的负责人为大家讲解从汉服名称的由来到汉服的发展历程，再到汉服的分类以及汉元素和汉服形制等，为大家展示了丰富的汉服文化（见图5）。同学们听得也十分入迷（见图6）。

图5　汉服知识讲解　　　　　　　　图6　同学们认真听讲

接着，在听完精彩的讲解后，来到了问答环节。同学们都积极举手，踊跃回答，现场气氛活跃（见图7）。工作人员根据大家的答题数目计分，并对表现优异的同学进行奖励，第一名为一等奖，第二到三名为二等奖，第四到六名为三等奖，由汉服社负责人给获奖的六名同学颁奖（见图8）。

图7　同学们踊跃举手　　　　　　　图8　获奖的同学

在学习汉服知识之后，同学们都对汉服的穿着方法十分好奇。汉服社的负责人为大家讲解了如何穿汉服，不少感兴趣的同学都进行了尝试（见图9）。

最后，活动在观看舞蹈视频，学习礼仪之邦中落幕（见图10）。汉人汉服展汉威，容城容姿亮新容。希望通过这次活动，同学们都能了解汉服，积极传承与弘扬中华文化，让优秀传统文化走进日常生活。

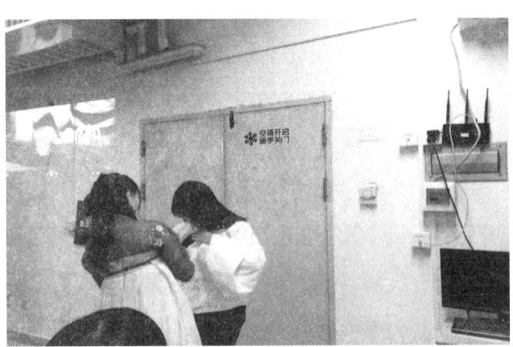 

图9　汉服试穿　　　　　　　　　图10　活动大合照

3. 书法活动

中国书法可谓博大精深，一讲起书法，便能想起古代"书圣"王羲之在《兰亭序》中的行云流水之姿，颜鲁公与柳公权的"颜筋柳骨"，一只毛笔，挥洒的不仅仅是一笔一画，更是大好江山。若说要探究中国国学，书法定当位列其中。为了让广大学子进一步认识书法，"传承经典，国学讲坛之书法"活动在兰苑5栋三楼正式开始。本次活动邀请的"小教师"是广州大学书画协会的负责人。

本次活动分为三个部分进行，分别是书法知识讲解、书法练习和书法作品分享。首先，尹老师为同学们介绍了有关毛笔的知识，比如执笔运笔的正确姿势，执笔轻重的调控，如何书写楷书的一横一竖等（见图11）。"小教师"还告知同学们，练书法可修身养性，也可陶冶情操。其中，"小教师"还小露身手，用实力给同学们带来了视觉冲击（见图12）。看完教师的示范，同学们也跃跃欲试。

图11　书法知识讲解　　　　　　　图12　"小教师"示范

接着，在学习完基本理论后，终于到了同学们实操悟真知的时刻。在同学们练习书法时，"小教师"还走到学生面前手把手亲自教导。在"小教师"的指导之下，同学们慢慢开始掌握书法的技巧，成功地用棉柔的毛笔尖，创造出鲜活的字迹（见图13、图14）。

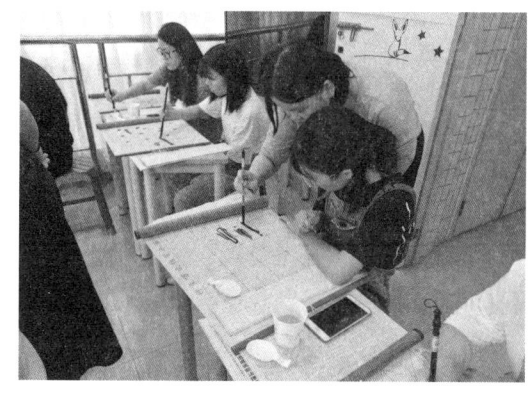
图13 "小教师"手把手教导

图14 同学们练习

然后，终于到了书法学习验收成果的时候，同学们逐渐完成自己的作品（见图15）。随后，在书法展中，大家都投票选出了自己心中的优秀作品，并由"小教师"给大家颁奖。虽然同学们的作品中仍有不足，但是输赢已经不再重要，因为每个同学都用心参与其中，不虚此行，他们的努力也都能通过作品表达出来。通过对作品的赏析，同学们也找到了自己的不足，并从不足中吸取经验教训，更好地体会书法的魅力。

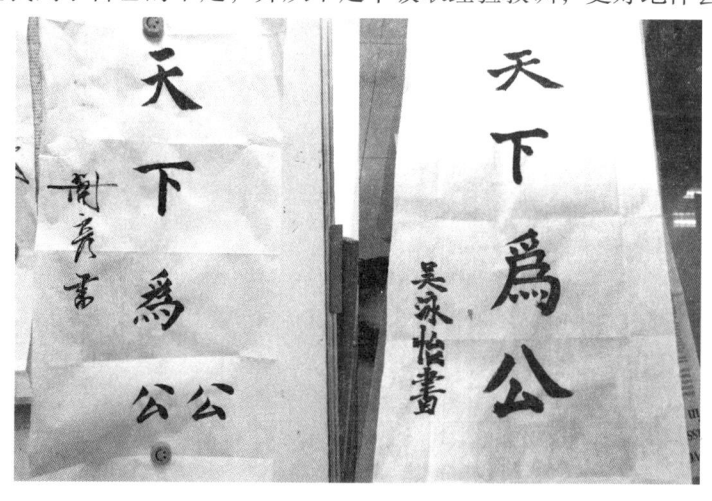
图15 部分作品展示

最后，"小教师"通过讲述自己的故事告诉同学们，练好书法并不是在一朝一夕之间，而在于勤奋。所以建议有意练好书法的同学要勤加练习，正所谓"功夫不负有心人"，只要练习多了就会有效果。

图 16　活动大合照

虽然书法活动结束，但是相信同学们能保持自己对于书法的热情，不止步于当下，不局限于课堂。相信越来越多的同学会加入到弘扬中华文化，传承书法艺术的队伍中来。

4. 国画活动

国画一词起源于汉代，汉朝人认为中国是居天地之中者，所以称为中国，将中国的绘画称为"中国画"，简称"国画"。国画是中国的传统绘画形式，在内容和艺术创作上，体现了古人对自然、社会及与之相关联的政治、哲学、宗教、道德、文艺等方面的认知。中国画艺术是我国文化宝库中的一颗璀璨明珠，从古至今，它一直在向前发展，犹如一条长河，虽有时狂暴湍急，有时滞流平缓，但从没发生断流，它一直在发展中向前，终于汇成今天这样一条浩浩荡荡的艺术大河。

2019年11月，兰苑5栋"五室一站"携手广州大学书画协会举办了国画活动。活动过程中，"小教师"讲解画国画的技巧，颜色运用的知识，画梅花的注意事项等，并示范了如何调墨，如何画梅花的枝干、梅花花瓣、梅花花托，如何将梅花接到枝干上等，同学们都听得非常认真（见图17、图18）。

图 17　国画知识讲解　　　　　　　　图 18　"小教师"示范

兰苑 5 栋 "五室一站" 工作案例——传承经典，国学讲堂 | 131

在"小教师"教完一些基础知识后，同学们便迫不及待地开始了练习（见图19）。每个人都聚精会神地在纸上，按照"小教师"嘱咐的注意事项，一步步地跟着"小教师"的步骤进行实操。经过不断地尝试以及"小教师"的亲自指导，同学们的创作已经渐入佳境（见图20）。

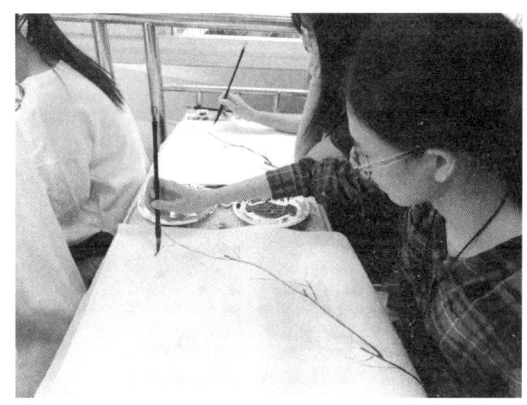 

图19　同学们练习　　　　　　　　　图20　"小教师"指导

最终大家都完成了自己的梅花作品（见图21），每位同学的作品都各有特色，各有优缺点，"小教师"经过反复斟酌之后，选出了一、二、三等奖的获得者，并对每幅获奖的作品进行点评并颁发了奖状。

图21　部分作品展示

图 22　活动大合照

通过学习画梅花，同学们加深了对国画的认识，也体会到了国画艺术的神奇与魅力，唤醒了同学们对传承祖国传统文化的意识，使他们深深感悟了国学精髓，坚定了传承中华优秀文化的信念，提高了文化自信。

六、活动效果

国学讲堂项目开展以来，得到学生们的热烈响应和支持，并且在这一年里，参与到特色活动的人数有约 140 人次。这些活动的开展极大地激发了学生们对传统文化的感情，掀起了宿舍楼栋学习中华传统文化的风气。他们在参加活动的同时也将宝贵的传统文化精神传播到了宿舍的每一个角落，新疆少数民族的学生也感受到了中华传统文化的巨大魅力。这些有趣的活动也能够使新疆少数民族学生与汉族学生更好地相互了解和文化交融。同时也丰富了学生们的宿舍生活，有助于在深入开展思想政治教育方面发挥更大的作用。

七、活动经验反思

楼栋人员众多，来自不同的学院和年级，其中绝大部分是大三、大四学生，提高他们参与活动的积极性是需要解决的一个问题。这也要求在接下来的活动中，充分征集学生们的意见，思考更有吸引力的传统文化活动形式，在活动中做到与学生充分互动，从而调动学生参与的积极性。

广州大学易班发展中心工作案例
——"易"春风化雨融入,"班"润物无声育人

学生处(学生工作部)　葛泽胜

一、基本理念

本案例的基本理念是围绕学校高水平大学建设要求和"德才兼备、家国情怀、视野开阔,爱体育、懂艺术,能力发展性强"的人才培养目标,按照中共中央、国务院提出的坚持全员全过程全方位育人(简称"三全育人")要求,以及教育部印发的关于《2019年教育信息化和网络安全工作要点》的要求,依托学校"五室一站",结合学校学生思想政治教育"五大工程"及学校易班网络平台建设,将网络文化作品创作融入学生宿舍生活中;发挥学校"五室一站"平台与"易班"平台的优势,以"春风化雨、润物无声"的方式,将网络思想政治教育融入学生宿舍生活。

二、要解决的问题

涵养指的是一个人理论、知识、艺术和思想等方面的一定水平,通常也是一个人综合能力与素质的体现。因此,文化涵养主要是指通过中国优秀传统文化的意蕴、魅力、影响来潜移默化地去培养、滋润一个人的修养、品性等内在素养。中国自古以来都重视一个人的涵养,并有许多精彩的论述,无不给人以深深的启示。如李清照在《词论》中写道:"又涵养百余年,始有柳屯田永者,变旧章作新声,出《乐章集》,大得声称于世。"明朝的李贽也在《与刘肖川书》中提到:"公心肠肝胆原是一副,而至今未离青衿行辈,则时之未至,但当涵养以俟,不可躁也。"可见,文化涵养的重要性,对于当代大学生来说,也是不可或缺的。然而,由于时代信息化的发展,当前大

学生更多时间往往聚焦在手机、电脑等电子产品上。在大学生宿舍公共区的文化涵养工作又出现了严重不足的情况，所以本案例立足解决的主要问题便是大学生宿舍公共区文化涵养不足的问题。

三、预期目标

依托"五室一站"，结合学校易班"易小羊"人物形象，融入中华优秀文化，创作一批网络文化作品，同时在"五室一站"及易班网展览，并选出优秀作品推荐参评广东高校网络媒体展示节和全国"大学生网络文化节"。

四、方法设计

（一）思想引领：以中华优秀传统文化涵养大学生

本案例旨在通过文化作品创作并展示，让更多广州大学的学生了解中华优秀文化的魅力，培养学生的艺术爱好，培养懂艺术的高雅素养，提升学生的艺术修养和审美水平，进而增强同学们的人格魅力和综合素养，拓宽同学们的事业发展和精神生活空间。

（二）平台搭建：借助第四届广东高校网络媒体展示节的契机

本案例巧妙地借助广东省教育厅举办第四届广东高校网络媒体展示节的契机，来搭建了一个大学生宿舍生活中网络文化作品涵养的平台，通过同学们创作文化作品，递交参赛作品，择优选出优秀作品，加强优秀作品宣传展示等比赛平台运作的方式来展开案例活动。

（三）实处着力：大力宣传，展示优秀作品以增强影响力

本案例最终的落脚点，还是在学生。目的是为了让学生们在此活动中，能进一步感受到中华优秀传统文化的底蕴、魅力，能从中得到源自文化的涵养。所以，这一切都需要依托于对优秀作品的大力宣传与展示，让更多的学生看到、感受到，才能被涵养到。

五、活动过程的完整叙述

（一）有导向地明确创作方向

结合广东高校网络媒体展示节和全国"大学生网络文化节"评选要求，明确网络文化作品创作方向：

1. "广大色彩"——动漫作品创作

动漫作品以弘扬社会主义核心价值观、弘扬优秀传统文化、弘扬岭南特色文化 3 种类型为主,动漫人物要求以广大易班吉祥物易小羊为主角开展设计,鼓励运用新技术,创作贴近师生思想、学习、工作和生活实际,在思想融入、情景设计、表达演绎、剪辑制作等方面体现较高水平,体现正确价值导向。

2. "广大缩影"——微电影作品创作

微电影作品以剧情片、纪录片 2 种类型为主,鼓励透过镜头,融合校园生活,呈现大学学习、生活中的精彩故事,展示青年学生的青春风采和精神风貌,突出艺术性、思想性。

3. "广大文化"——艺术设计作品创作

艺术设计作品以产品设计、标识设计 2 种类型为主,鼓励紧密结合学校办学特色、学生专业特点、地方历史沿革等,围绕易班元素展开内涵设计,作品可以是单个、也可形成系列产品。

4. "广大公益"——公益广告作品创作

公益广告作品以平面广告、视频广告 2 种类型为主,鼓励围绕社会主义核心价值观、中国梦、理想信念、依法治国、传统美德、雷锋精神、良好家风、文明旅游、公益中国、生态文明、网络文明、勤俭节约、交通安全、诚实守信等主题展开公益宣传,具有吸引力、感染力、传播力。

(二)有特色地规划项目布局

根据各楼栋的特色,将网络文化作品创作有机融合到相应楼栋的品牌项目、活动开展及日常运作中去。

(1)重点与美术、艺术、设计类学院的学生所在楼栋开展动漫作品、艺术作品创作,鼓励其他学院学生积极参与。

(2)重点与新闻传播学院、人文学院等学院学生所在楼栋开展微电影作品创作,鼓励其他学院学生积极参与。

(3)重点与公共管理学院、工商管理学院、法学院等学院学生所在楼栋开展公益广告作品创作,鼓励其他学院学生积极参与。

(三)有引领地制定创作思路

(1)针对动漫作品创作、艺术设计作品创作。以广大易班吉祥物"易小羊"为基础,结合中华优秀传统文化,如京剧、粤剧、自然风光、人文风光、名胜古迹、历史名楼、名诗佳作等为题材,通过瓷器、陶器、剪纸等载体,创作出例如"易小羊"粤剧系列文化作品、"易小羊"十大名楼系列作品等。

(2)针对微电影作品创作。将每个楼栋举办的活动,以视频的形式加以留存、剪辑、创作。既可为该楼栋及学校留存视频素材,也可为微电影作品创作提供支撑,创作出例如广州大学"五室一站"党员先锋行动纪录片、广州大学打造有品质的宿舍生活微电影等作品。

（3）针对公益广告作品创作。深挖每个楼栋举办的各类活动，在活动中发掘契合社会主义核心价值观、中国梦、理想信念、依法治国、传统美德、雷锋精神、良好家风、文明旅游、公益中国、生态文明、网络文明、勤俭节约、交通安全、诚实守信等主题的闪光点，例如在法学院举办的活动中探索依法治国公益广告创作灵感，在旅游学院举办的活动中探索文明旅游公益广告创作灵感等。

（四）有组织地开展作品评选

组织开展各类艺术作品展览和评选。依托学校"五室一站"作为常规展示平台，进行不同规模的展览和评选，让网络文化作品创作获得更大范围的关注，让宿舍生活丰富多彩。对评选出的优秀作品推荐参评广东高校网络媒体展示节和全国"大学生网络文化节"。

（五）有力度地借助矩阵宣传

依托"五室一站"平台、广大易班平台以及广大学工微信公众号等构成的矩阵宣传平台，开展线上线下宣传。以"春风化雨、润物无声"的方式，将网络思想政治教育融入学生宿舍生活，引导更多的师生来参与打造有品质的校园生活，参与网络文化作品创作，参与学习传播中华优秀传统文化。培养学生的艺术修养，提高他们的审美水平以及爱劳动的素养。

六、活动效果

（一）师生满意度、参与度极高

本案例活动几乎对全校师生全覆盖。通过本次活动，发现师生参与度极高，一共收集了广州大学文化类作品 22 份、广州大学公益类作品 12 份、广州大学缩影类作品 31 份、广州大学色彩类作品 68 份，合计共 133 份，涵盖全校 24 个学院。活动结束后，不少师生表示希望这类活动能经常性的多举办一些。

（二）学生获得感、成就感极高

本案例活动的开展，丰富了大学生宿舍生活，为大学生宿舍公共区"五室一站"带来了"高档次"的文化活动；同时，也通过这样一个活动，使文化作品创作走进宿舍中，春风化雨地影响学生，润物无声地涵养学生。

（三）开拓了学生视野、激发了创作热情

通过文化作品创作，开阔了学生们的视野；通过文化作品创作，调动了同学们的

学习兴趣，激发了同学们的创作热情，发散了同学们的思维方式，开阔了同学们做学问的思路。

（四）创新了创作模式、融入了日常生活

本案例虽然借助了第四节广东高校网络媒体展示节，但更多的是借此契机，引领同学们将文化创作贯穿于同学们的日常生活。改变了以往为了参赛而创作的模式，将文化作品创作融入学生宿舍生活的全过程。

（五）扩大了影响范围、产生了良好效应

本案例系列活动不仅在校内"广大学工"等高关注的公众号上得到宣传，还在广州大学易班首页等区域报道了活动。此外，通过文化作品创作及多平台展示，提高了学校"五室一站"及"易班"的宣传力度，在学生中和社会上都产生了良好的效应。

七、活动经验反思

（一）贴近生活，贴近学生

如何以大众喜闻乐见的形式进行传播并开展活动是"五室一站"的工作重点。比如本案例中规划的四个创作方向——"广大文化""广大公益""广大色彩""广大缩影"都是非常贴近学生们的日常生活的，所以能吸引大量学生参加。

（二）提升质量，创新形式

当今时代讲求"质量为王""内容为王"，因此要注重开展"五室一站"活动的质量，不要千篇一律地搞开会、看电影等单调的活动，这样会明显让师生感觉活动质量不高。如本案例采取的这种让学生们创作文化作品，再以优秀的文化作品来影响、涵养学生的这种形式，就给人很新颖的感觉，所以能得到师生的普遍好评。

（三）互动优势，矩阵优势

作为学校的官方组织，相比其他自媒体，有着明显的互动优势。在线上线下联系青年，增强传播力度的同时，也在增进传播效果，"易班"与"广大学工"的结合，有助于更好地做到线上有声音，线下有互动。此外，矩阵优势也要极力发挥。在本案例中，对优秀文化作品的宣传、展示环节，就采取了多种宣传方式的联合，发挥了"五室一站"作为官方组织的互动优势，同时也体现了校内各大宣传平台、各种宣传方式联合的宣传矩阵优势。

第四篇　人心向学

梅苑10栋 "五室一站" 工作案例
——"齐学英材，共进朋辈" 英语训练营

外国语学院　陈远明

一、基本理念

广州大学围绕"德才兼备、家国情怀、视野开阔，爱体育、懂艺术，能力发展性强"这一人才培养目标下功夫，为学生的成长成才搭建各种平台。随着粤港澳大湾区的落地建设及学校高水平大学建设步伐的加快，外语能力在人才综合素质中扮演了至关重要的角色。学校也曾提出本科生四年内国外学习经历的比例达到25%的目标，但目前仍存在较大差距，不少学生虽具备一定的专业条件，却因英语水平不达标而在各种出国项目前止步。外国语学院梅苑10栋"五室一站"结合学院特点，充分发挥师生的专业优势，通过创建外语特色楼栋，定期为有出国学习意向的同学们展开考前辅导、经验交流分享等活动，为学生成功出国学习提供力所能及的帮助。通过朋辈间的交流、教育和专业扶持，一方面能更好地培养非外语专业学生的外语学习兴趣，帮助他们掌握扎实的外语技能和应试技巧；另一方面则能进一步促进外语专业学生更好地学习外语专业，通过第二课堂的实践多维度夯实专业基础，实现双赢，成功助力学校高水平大学建设。

二、要解决的问题

促进非外语专业学生增进外语学习的兴趣、夯实外语技能、为海外留学生提供前期指导、为考取大学英语四六级和雅思考试的同学们提供专业辅导，在梅苑10栋范围内形成浓厚的英语学习氛围，立足外国语学院，辐射全楼栋。

三、预期目标

（1）增进外语学习交流。学生在交流中成长，在互助帮扶中进步，不断开阔视野，使学生们外语综合能力素养明显增强。

（2）夯实外语专业技能。通过各种形式的学习活动，提高学生听说读写能力，在朋辈互助学习帮扶和经验分享交流中共同进步。

（3）海外学习学生增多。同学们反应积极，出国学习意愿的学生数量逐步增多，海外留学成功率提高。

（4）英语考级通过率高。非外语专业学生大学英语四六级的通过率逐年提高，增强同学们备考的信心。

四、方法设计

（1）朋辈互助帮扶，促进共同进步。开设英语课堂（听说课堂、读写课堂），定期开展大学英语四六级辅导（一对一辅导、课堂辅导）。

（2）营造浓厚氛围，加强听说训练。定期邀请外教和专业教师，开展英语角活动，通过观看英语电影、英文歌欣赏，增强英语语感，培养学习兴趣。

（3）线上线下结合，倡导原版阅读。购置一批英文书籍报刊及音像资料，线上开设阅读微信群，组织英文读物阅读打卡活动，线下英文读物（有声、纸书、APP 等）推荐阅读，开展"ted talk"读书分享会。

（4）促进交流互动，助力出国学习。定期组织国外学习经历、雅思及托福考试经验分享交流会等，增强学生学习英语的动力。

五、活动过程的完整叙述

（1）2019 年 4 月 19 日下午 2 点 30 分—4 点，梅苑 10 栋"五室一站"一楼一特色活动——外国语学院党员教师大学英语四级备考辅导讲座在心情驿站开讲了！大一的同学们足不出户，外国语学院大英部党支部书记李岸红老师来到梅苑 10 栋给大一的同学们带来满满的备考应试干货（见图 1）。同时畅谈日常英语学习方法和人生规划，现场气氛热烈，互动积极，同学们纷纷表示收获良多。

图 1　李岸红老师为同学们辅导大学英语四级备考技巧

（2）2019年5月14日下午3点—4点半，梅苑10栋"五室一站"一楼一特色活动——外国语学院教师雅思考试备考辅导讲座在心情驿站如期开展。外国语学院大英部岑润桃老师来到梅苑10栋给同学们带来关于雅思备考应试相关知识（见图2）。通过一个半小时的沟通与交流，同学们对雅思备考有了更深入的认识和了解，对备考方法有了更多思考。同学们在活动结束后都表示受益良多，活动效果显著。

图2　岑润桃老师为同学们辅导雅思考试备考技巧

（3）为了结合广州大学正在进行的主题教育活动，2019年11月以来，外国语学院研究生党支部、本科生党支部全体党员各自在梅苑10栋"五室一站"四楼图书阅览室开展"党员一对一学业辅导"。面向梅苑10栋"五室一站"全体学生，充分发挥党员的先锋模范作用，为梅苑10栋"五室一站"全体学生提供优质的学习榜样库。党员们有些是学校的"十佳学生"，有些是学习成绩优异的同志，有些是学科竞赛表现出色的同志，其中大部分党员同志均已通过专业英语四级考试。活动开展以来，同学们积极响应，纷纷带着各种问题前来请教。

表1　外国语学院学生党员学业辅导值班安排

值班地点：梅苑10栋四楼图书阅览室				值班时间：19:30—21:00		
周日	周一	周二	周三	周四	周五	周六
		11月5日		11月7日		11月9日
		李慧莹、邱家莹		许晓珊、罗云		黄盈雅、冯嘉仪
11月10日		11月12日		11月14日		11月16日
何斌、张瀚文		陈晓芬、黄文君		梁冰冰、何昭颖		王影、卢雅静
11月17日		11月19日		11月21日		11月23日
王筱盈、尹健欣		林春丽、黄惠如、李冠旭、陈可丹		李娆、谢凤、麦芯羽、洪巧凤		谭红敏、朱惠婷
11月24日		11月26日		11月28日		11月30日
吴钧谚、李静颖、温海英、王妹		叶金珠、林思琪、陆家泳、叶施贝		刘娜、杨燕、谢璇、王颖华		蔡柳虹、包碧霞
12月1日		12月3日		12月5日		12月7日
梁嘉齐、王碧玲、吴守俊		彭湘岚、邓海燕		陈金玲、韦梦婷		金晗、周钰靖

六、活动效果

1. 紧跟潮流，顺应时代

外语特色楼栋的创建与学校创建高水平大学的进程、24字人才培养目标——"德才兼备、家国情怀、视野开阔、爱体育、懂艺术，能力发展性强"和粤港澳大湾区的建设要求相契合。

2. 以点带面，点面结合

充分利用外国语学院师生的资源，为该楼栋的学生提供专业、便捷的学习交流平台，充分发挥"近水楼台先得月"的优势。

图3　学生党员为梅苑10栋学生辅导英语

3. 线上线下，互联互通

线上和线下相结合的学习模式，丰富了同学们学习外语的个性化选择模式，让学生足不出户便可进行学习，满足同学们的实际需求。

4. 朋辈帮扶，贴合需求

培养学生自我教育、自我管理、自我服务的能力，发挥同学们主观能动性，通过彼此互助共同进步、共同成长、收获友谊。同时活动采用学生喜闻乐见的内容和形式，与学生的需求相契合。

七、活动经验反思

（1）由于宿舍属于学生的私密空间，对于在楼栋内开展此类学习帮扶活动，不少同学们对此了解不深，因此在活动宣传力度和深度上仍有较大的可挖掘空间。

（2）提供朋辈帮扶的学生目前是党员，未来可面向国家奖学金获得者、国家励志奖学金获得者、优秀在库生、新生导生等开放，形成强大的导师库。

（3）由于学生的课程安排和专业英语教师的教学安排存在较大的时间冲突，在安排雅思、大学英语四六级辅导时存在一定困难，需要提前协调好、落实好有关安排。

梅苑1栋 "五室一站" 工作案例
——本硕联动,职达梦想

研究生院　梁定超

一、基本理念

为推进广州大学高水平大学建设,提高广州大学考研率、就业率等高校人才培养评估指标,研究生梅苑1栋"五室一站"以"本硕联动,职达梦想"为核心理念,重点关注广州大学学生考研与就业情况,助力学生考研与就业发展。

本硕联动,旨在为有考研意向的学生搭建一个多方位、个性化的线上线下考研辅导平台,并把学习从课堂拓展延伸到宿舍,提升"五室一站"在宿舍文化建设的重要地位,同时拓宽学生交流学习的渠道。

职达梦想,旨在助力广州大学研究生实现就业创业梦想,以经验分享会和职业技能培训会的形式为研究生的求职、创业之路保驾护航。

二、要解决的问题

针对学生在临近毕业所产生的问题做出指导解答。对于对未来还没有确定方向的同学,主要解决的是选择就业创业,还是选择考研的问题。对于已有明确考研或就业创业目标的同学,则主要帮助解决他们在考研与就业择业时遇到的困惑,提升广州大学学生考研率、就业率以及创业成功率。

三、预期目标

提高考研率,助力深造梦。激发创业活力,提升就业质量。深化院际合作,促进整体提升。

四、方法设计

梅苑1栋"五室一站"将"人心向学"作为"一楼一特色"项目的建设方向,以"本硕联动,职达梦想"为项目核心理念,从广州大学学生的实际需求出发,开展考研辅导、职业技能培训等多项活动,以期搭建一个宿舍延伸学习平台,助力广州大学学生的考研与职业发展。

主要做法为开设考研辅导中心;开展就业创业培训;结合各学院专业特色,整合优质资源,实现优势互补;定期回顾,总结经验。

该理念指导下的项目实施示意图如图1所示。

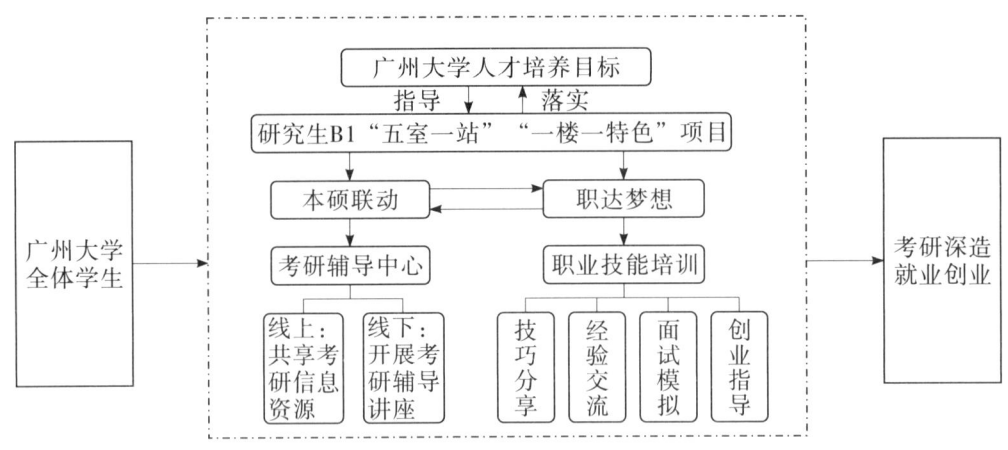

图1 "本硕联动,职达梦想"项目实施示意图

五、活动过程

(一)院际合作,开展考研与就业经验交流会

2019年4月16日下午,"考研与就业(考博)经验交流会"成功举办(见图2)。该活动由土木学院主办,土木研究生第一党支部承办,梅苑1栋"五室一站"党建办、竹苑1栋"五室一站"党建办协办。以"本硕联动,职达梦想"为核心理念,活动主要针对在面对就业以及深造之间不知如何抉择的学生,与他们进行面对面地交流

并给予指导。为此，该活动共分为三个模块：考研模块、研究生规划模块、就业（考博）模块。

通过此次活动，在教师及邀请嘉宾的经验分享、答疑中，在场同学们对于就业和考研有了全新的认识。此次活动有助于同学们尽早打破迷茫，早日找到前进方向并确定自己的目标。同学们还表示在此次经验交流活动中受益匪浅，并希望此类经验交流会能多办。梅苑1栋"五室一站"也积极收集参会同学的宝贵意见和建议，努力在接下来的一系列活动中不断地完善活动内容，使同学们在活动中能够更好地受益。

图2　嘉宾与工作人员合影

（二）梅苑1栋"五室一站"特色项目启动仪式

2019年5月8日下午，研究生梅苑1栋"五室一站"特色项目启动仪式在梅苑1栋"五室一站"党团活动室顺利举办（见图3）。该活动主要向各楼栋宣传梅苑1栋的"特色项目"，阐明项目主题以及要如何实施；呼吁发挥各楼栋的优势，整合优质资源，促进楼栋及院际之间的合作；为梅苑1栋"特色项目"的后续开展做好准备。

图3　参会人员合影留念

（三）"扬广大风情，登职业巅峰"就业创业培训活动第一期

2019年6月10日，"扬广大风情，登职业巅峰"就业创业培训活动第一期在梅苑1栋"五室一站"四楼"党团活动室"顺利举行（见图4）。

活动共分为就业和创业两个板块：对于就业，在模拟群体面试中让参加人员切身感受到在实际面试中可能会遇到的问题以及遇到问题如何解决；对于创业，以嘉宾自身的经历做分享，并进行答疑，为有意创业的同学排忧解难。通过本次活动，加强了学生对于就业创业的认识，激发学生积极就业，勇于创业的激情，使有意就业的同学能够真正接触到找工作时的现实问题，早日做出准备。使真正具备创业意向和创业基本条件的创业者，坚定创业信念，掌握创业基本知识技能。

图4　到场嘉宾与工作人员合影

（四）"扬广大风情，登职业巅峰"就业创业培训活动第二期

2019年9月24日，"扬广大风情，登职业巅峰"就业创业培训活动第二期在梅苑1栋"五室一站"四楼"党团活动室"顺利举行（见图5）。广州大学就业创业指导教师刘志华作为活动的指导教师出席本次活动，梅苑1栋的其他同学也参与了此次活动。

面试求职培训以观看网络培训课程的形式进行，对面试应该注意的问题以及对策进行了学习。刘志华老师就"创业就业"与同

图5　到场人员合影

学们进行了交流与分享,并现场进行答疑。此次活动,为同学们在就业创业方面提供了实际的指导,使得同学们在就业创业方面可以更好、更早地做出规划,在漫长的人生道路中踏出坚实的一步。

六、活动效果

研究生梅苑1栋"五室一站"考研辅导中心这一服务平台使广州大学学生能便捷地获取考研信息资源,有效地解决考研中遇到的困惑,切实提升广州大学考研率,助力学生实现"深造梦"。截至2019年10月底,通过参加活动及向梅苑1栋"五室一站"咨询的人次超过1 100人次,极大提升了本科学生及硕士研究生的升学热情,在推动广州大学高水平大学建设方面展示了骄人的成绩。

梅苑1栋特色活动促进学生理论素质的提升。特色活动的目的是提高广州大学学生的升学率及就业率,各项活动均引入素质教育工程,秉承学生在升学与就业的同时,高素质并驱的理念,加强学生的素质培养。以党员为先锋模范带头,切身让学生领悟素质教育的重要性。

梅苑1栋特色活动以学校的家国情怀为导向,加强学生国家、学校人文情怀熏陶。特色活动通过展示学校、社会的经济发展形势,让学生了解社会的就业动态,并同时与广州大学的育人方针相结合,让学生在清晰就业方向的同时对学校、社会有更加深入的了解。学校广大学生对"博学笃行,与时俱进"的校训有了更加深刻的理解,也为今后的理论学习打下了坚实的思想基础。

通过加强院际协作,结合学院专业特色实现资源互通、优势互补,不断提升全校"五室一站"宿舍文化建设水平,使"五室一站"的服务效能得以彰显。"五室一站"开展的一系列研究生就业创业培训活动促使广州大学就业率稳步增长,就业质量不断提高,同时激发研究生创新创业活力,营造良好的创业氛围,稳步推进创业工作高质量发展。

该项目不仅突显研究生群体特色,同时也兼顾全校本科生,为他们提供优质有益的服务,全力助推广大学生成长成才,强化理论成果运用,实现了提高个人思想政治素质、党的基本理论素养和推动学校教育事业科学发展的多重效果,真正把习近平总书记系列重要讲话精神和治国理政新理念新思想新战略落实到各项工作中去,为广州大学高水平大学建设添砖加瓦。

七、活动经验反思

广州大学学生数以万计,研究生梅苑1栋"五室一站"不可能也难以做到对每一位学生进行一对一的辅导。梅苑1栋"五室一站"坚持"以点带面",这并不是也并不能只是嘴上说说而已。"以点带面"是以典型来示范引导,进而影响带动普遍层面上工作的行之有效的工作方法。但有些活动的不足在于错误的将以点"代"面，用点的个性特征来取代"面"的概貌特征。梅苑1栋"五室一站"牢牢记住"以点带面"要落到实处，定期开展活动，少数带动多数，使活动具有深远的影响，实实在在地让同学们受益。

该项目到目前为止已做成了系列活动，在此基础之上，梅苑1栋"五室一站"有几方面可以继续改进：

一是人员分工还不够细致化。前面的活动中大都通过主动报名的方式确定参加人员，对于担任班干部的和研会干部的同学以及已是党员的同学，可以多鼓励他们参加活动，他们的带动能力往往会更好。

二是协调性与完整性需加强。本项目的实现方式是做成系列活动，可以在系列活动成功举办的基础之上更加强调项目完整的主题，让更多的同学都能够完整地参与进来。能让他们在系列活动中认识到差异，也能够得到更多解答，使他们能够选择更加合适自己的道路。

八、活动期望

学无止境，职中有你。梅苑1栋"一楼一特色"项目取得了较大的成果，在项目的实施、开展中总结出一套完备的理论体系，为日后活动内容质量的提升打下了良好的基础。前进的脚步从未停下，在接下来的一个阶段，楼栋在现有活动的基础上继续扩大影响，加强与更多楼栋的交流合作，拓宽交流互信通道，继续提升活动本身的丰富度，使活动更加系统化、全面化开展。

竹苑 2 栋 "五室一站" 工作案例
——五大工程打造人心向学公寓

土木工程学院　胡忠燊

一、基本理念

为深入学习贯彻落实广州大学《实施五个工程，打好"广大底色"——广州大学思想政治教育工作实施方案（讨论稿）》的相关精神，竹苑 2 栋 "五室一站"紧密围绕学校高水平大学建设人才培养中心任务、立德树人根本任务和"博学笃行，与时俱进"的校训，努力培养"德才兼备、家国情怀、眼界开阔，爱体育、懂艺术，能力发展性强"的高素质创新人才。学校实施学生思想政治教育五个工程，打好"广大底色"。广州大学土木工程学院将"建立学生完型世界，培养复合型人才"作为主线，充分挖掘竹苑 2 栋社区中各学院、各社团资源，打造竹苑 2 栋土木工程学院"五室一站"的楼栋特色。

二、要解决的问题

（1）竹苑 2 栋入住了多个学院的众多学生，如何充分调动楼栋学生的积极性，参与楼栋文化建设，是竹苑 2 栋"五室一站"要重点解决的问题。

（2）如何在调动学生积极性的前提下，打造人心向学精品活动，真正使竹苑 2 栋"五室一站"更好地服务于同学，体现价值，是竹苑 2 栋"五室一站"要解决的另外一个问题。

三、预期目标

竹苑 2 栋"五室一站"紧密围绕学校高水平大学建设人才培养中心任务,努力培养"德才兼备、家国情怀、眼界开阔,爱体育、懂艺术,能力发展性强"的高素质创新人才,积极进行"一楼一特色——人心向学"项目建设。结合竹苑 2 栋的实际情况与特点,开展一系列的特色活动,以此来达到促进各学院学生的交流,努力构建学生完型世界,培养复合型人才的目的。

四、方法设计

以人心向学、不忘初心为主线,依托于这两条主线发展了一系列活动(见图1)。竹苑 2 栋"五室一站"依靠全体竹苑 2 栋学生的智慧,发挥学生的主观能动性,团结引导本舍区学生共同创建一个安全、健康、文明、向上的社区环境。

依托活动室、微信公众号平台等渠道宣传开展活动,通过社区党建办、社区办,积极收集各方资源,鼓励各方为竹苑 2 栋"五室一站"建设献计献策。通过提供场地与资金,促进竹苑 2 栋社区内各团体、个人之间的交流,在交流中丰富同学们的课余生活,获取来自不同专业、不同领域同学的需求和心声;也为竹苑 2 栋的同学们提供了一个聆听优秀同学分享生活和感悟的平台,在活动的组织策划中,参与的同学的综合能力也能得到锻炼。

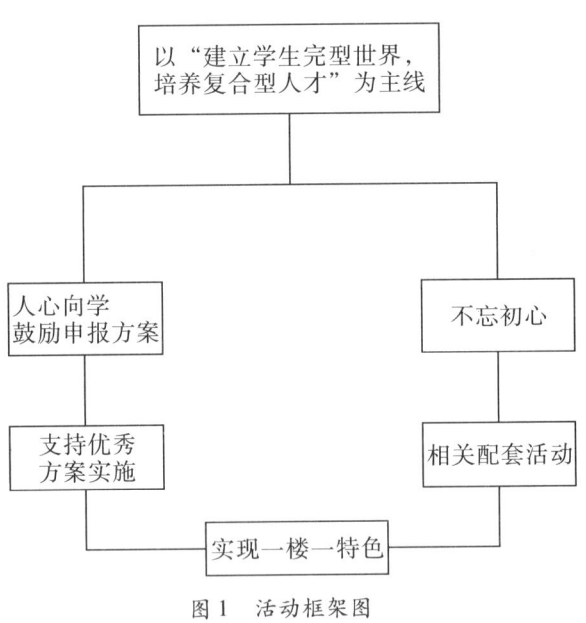

图 1　活动框架图

依托各种活动,促进同学们积极参加校园文化建设,以此丰富课余生活,拓展学生的知识面,增加文化知识,激发学习兴趣,提升综合素质。

五、活动过程

（一）集思广益，打造精品活动

1. 依托党建办，开展各色思想政治教育活动

思想政治教育工作一直是"五室一站"工作的基础工作，同时也是重点工作。针对楼栋开展思想政治教育工作，竹苑 2 栋"五室一站"举办了"不忘初心"系列活动。利用"五室一站"微信公众号，竹苑 2 栋推出了"党的故事"系列活动，通过公众号每星期介绍一位优秀共产党员的人物传记或小故事，让学生认识优秀共产党员，鼓励学生努力学习本领，筑牢专业基础，将来为国家、为社会、为人民做贡献（见图 2）。

图 2 "党的故事"推文截图

新时代新青年，有责任、有能力担当起时代重任。从红色经典中汲取养分，夯实自身，投身到中国特色社会主义建设的伟大工程中去。为了更好发扬红色经典文化，竹苑2栋"五室一站"举办"红色经典"征文活动，鼓励学生以我笔写我心，一方面表达自己的拳拳爱国之情，另一方面以练笔的形式锻炼、提高同学们的写作水平（见图3）。

国庆节，竹苑2栋"五室一站"组织留校学生在二楼党团活动室观看了国庆70周年大阅兵（见图4）。同学们一起听着嘹亮的国歌，看着整齐划一的步伐，观赏着各军种的飒爽英姿，感受祖国的繁盛和强大。

图3 红色征文活动

图4 观看国庆阅兵

为加强学院学生对社会动态的关注，增强主人翁意识、公民意识，提高道德意识和政治意识，理解两会精神。竹苑2栋"五室一站"结合土木工程学院实际情况，举办时事论坛活动，选取社会热点问题，让参与者听取多方观点，交流对民生、社会百态的认识（见图5）。

a. 时事论坛网文截图　　　　　　　b. 时事论坛现场

图 5　时事论坛

为了促进党员、团员进一步学习党团知识，新时代下，"五室一站"还将继续强化学生的思想政治教育。

2. 依托"未来工程师讲坛""B12 讲坛"等，开展专业助学活动

竹苑 2 栋"五室一站"针对学生的学习、就业问题，专门开办了"未来工程师讲坛"和"B12 讲坛"。

"未来工程师讲坛"邀请土木工程学院的专业教师、毕业后工作多年的土木学子以及土建行业的专业人员来开办讲坛，给土木学院学生们解答就业及工作等方面的问题（见图 6）。使土木专业在校生能够正确认识自身的不足之处，更合理、更全面、更切实地做好自身学习和职业生涯规划，以便在接下来的时间里对自身进行调整，以更好的姿态迎接就业所带来的种种问题。

a. 活动合影　　　　　　　　　b. 活动现场学生们认真倾听

图 6　未来工程师讲台

"B12 讲坛"主要邀请学习成绩优异、品德良好的学生与竹苑 2 栋学生分享学习、创业或者考研的经验。

为帮助大一新生更好地了解大学生活，充分安排自己的时间，在第八期 B12 讲坛"优秀师兄师姐分享会"中，竹苑 2 栋"五室一站"邀请了土木工程学院 2019 级优秀

推免生郑晓君和2019级专硕成绩第二名的邹嘉骏为同学们分享大学生活、学习经验以及考研路途的苦与乐（见图7）。两位优秀学子详细地分析了考研与就业的利弊。在此次讲坛中两位同学告诫同学们不要盲目从众考研，要做出最适合自己的选择，考研与就业没有孰优孰劣之分。

a. 郑晓君大学生活学习、考研分享会　　　b. 邹嘉骏大学生活、学习、考研分享会

图7　第八期B12讲坛

2019年4月，竹苑2栋"五室一站"举办"考研（考博）与就业经验交流会"（见图8）。此次活动给研究生、本科生一个极佳的学习交流机会，同学们可以在考研、论文发表、就业等方面互相交流，大家互相鼓励，互相帮助，向心中理想的目标前进。

a. 分享会现场　　　　　　　　　b. 会后合影

图8　考研考博经验分享会

良好的心态是毕业生进入社会的必需素质，B12讲坛注重对学生思想的塑造。在第七期"考研与就业分享会"中，2007届优秀毕业生卢锦财作为主讲，为竹苑2栋的同学们开展了"如何规划职业发展定位"讲座（见图9）。卢锦财给学生们讲述他自己的人生故事，告诫同学们要平和心态，努力学习，从容不迫地对待人生中的每一次选择。

图9　第七期B12讲坛

(二) 多措并举,增强学生综合能力

1. "朗读者"、辩论赛、"时事论坛"等活动,增强学生的阅读、思辨能力

在碎片化阅读的当下,毫无功利的深度阅读成为一种奢望。竹苑2栋"五室一站"通过举办"朗读者"活动,让同学们饱含深情朗诵直抵世人心灵深处的经典文字,感悟生活中的真善美(见图10)。

a. 活动合影　　　　　　　　　　　　　b. 活动现场

图 10　朗读经典、传承情怀活动

辩论的目的在于培养人的逻辑思考能力、语言表达能力及组织能力,辩论赛还可以培养团队协作的能力与意识。利用"五室一站"的动员能力,土木工程学院第 19 届"寰宇杯"辩论赛成功举办。多支队伍利用"五室一站"活动室,潜心训练,最终为广大师生呈现了一场无与伦比的辩论盛宴(见图 11)。

a. 辩手激烈辩论　　　　　　　　　　　b. 辩手沉着应对

图 11　辩论赛现场

2. 多方联动，充分发挥学生交际沟通能力

在对外交流方面，竹苑2栋"五室一站"不是一个孤立的社团，"五室一站"拒绝闭门造车。在过去的两年中一直坚持"引进来"与"走出去"相结合，共同发展，不断扩大竹苑2栋"五室一站"在学院乃至全校的影响力。从而可以让"五室一站"真正成为服务学生，影响学生的组织。这两年间，"五室一站"相继与土木工程学院心理协会、青年志愿者协会、红十字会、团委学生会等建立了密切的联系。竹苑2栋"五室一站"与梅苑5栋"五室一站"举行住宿生联欢晚会，进行交流。协调安排各个社团的各项会议，结合各个社团的实际情况，给众多学生组织提供了一个良好的开会场所。与不同的社团、不同的组织交流会产生碰撞的火花，结识更多优秀的同学，促使学生在与人交流中不断进步。

3. 寓教于乐，充分培养学生的业务素质，提升其领导力

学生在学习书本知识的同时，也应该能够独当一面地处理好事情。竹苑2栋"五室一站"特意举办了一系列寓教于乐的活动来帮助同学们在提高综合素质的同时也可以提升自己的领导与业务能力。学院开展了新媒体运营培训会，充分发挥了宣网部的资源（见图12）。"五室一站"宣网部的学生干部倾尽所学，把重要的经验技巧都分享给乐于学习的同学们。竹苑2栋"五室一站"鼓励楼栋内学生充分发挥学生主观能动性与创造力，以团体或个人形式向竹苑2栋土木工程学院"五室一站"申报活动方案，提供建设性的建议。由"五室一站"与胡忠燊教师进行审核，对有价值有意义的方案，"五室一站"给予支持帮助，协助学生共同开展。既培育学生的策划能力，又能为竹苑2栋土木工程学院"五室一站"的发展献计献策，不仅开阔了学生的视野，还发散了学生的思维。

图12　新媒体运营培训会

六、活动效果

竹苑 2 栋"五室一站""一楼一特色——人心向学"活动在学校和学院领导与学生干部的共同努力下完成了预定目标，在竹苑 2 栋内部形成了"人心向学"的良好氛围。"五室一站"以党建为引领，以精彩多样、内容丰富的活动为抓手，发动广大学生干部，将竹苑 2 栋打造成为广州大学和谐舍区，为学生提供了良好的学习和休闲环境，获得学生的一致认可。

七、活动经验反思

成绩固然可喜，但是必须承认，竹苑 2 栋"五室一站"的工作仍有待改进和提高的地方。

第一，"五室一站"活动的宣传力度不够，同学们的参与感仍然不高，参加活动的总是部分积极的同学。如何调动其他同学的积极性，使其能够参与进来，这是竹苑 2 栋"五室一站"亟待解决的问题。

第二，竹苑 2 栋"五室一站"活动还需要更加大胆，加强创新，一方面是活动形式和内容要有突破，不能再局限于同类活动反复举办。另一方面，竹苑 2 栋"五室一站"的活动地点可以不再局限于竹苑 2 栋，而是联合其他学院、其他楼栋，相互借鉴，创新发展，开创广州大学"五室一站"合作共赢新局面。

菊苑 3 栋 "五室一站"工作案例
——弘扬人心向学传统，建设科技创新风采

机械与电气工程学院　刘博财

一、基本理念

科技创新已经成为时代的主题，高科技创新产业已经走入大学校园，大学生是创新型发展的主力军。衡量高等教育质量的第一标准就是人才培养的质量。办学治校，要确立科学的教育理念，以观念的转变带动人才培养水平的提升。要秉持"人心向学，传承创新"的八字办学理念，做到心向学生，心向学者，崇尚学术，心系学科，端正学风，热爱学校，建立起"人心向学"的公寓文化与学术氛围。以培养优秀人才为目标，以崇尚学术为公寓氛围，以服务好学生为己任，在卫生管理、日常管理、思想教育等方面，办出菊苑 3 栋的特色。菊苑 3 栋"五室一站"既要"传承"，也要"创新"，要强化以人才培养为中心的理念，把促进学生全面发展和健康成长作为改革的出发点和落脚点，在变革中坚守"五室一站"的核心使命，积极为多样化、个性化、创新型人才成长提供良好的环境和机制。

二、要解决的问题

菊苑 3 栋"五室一站"针对本楼栋居住的不同专业的学生，依托各学院学生开展创新风尚，培养学生的创新意识，把人心向学的理念传播出去，将菊苑 3 栋打造成"学习"社区，将科技创新主题贯穿其中，让不同专业的学生学习、了解"人心向学""创新""创业"等时代主题，积极投身时代大潮，勇于实践，全面发展。

三、预期目标

（一）实施范围广

本活动面向广州大学全校学生，通过一系列活动，宣传"人心向学，科技创新"理念，打造全面发展的学生社区文化的环境。

（二）受益学生多

不仅惠及菊苑3栋"五室一站"，而且通过强有力地宣传与推广，将影响扩大至广州大学全校学生。

（三）社区文化持续性强，影响深远

把学习的兴趣和科技创新融合起来，相辅相成，提升社区文化，激发学生学习动力，帮助学生树立正确积极的世界观、价值观、人生观，树立终身学习的理念，自觉、主动地向高素质人才目标前进。

四、方法设计

把机械与电气工程学院现有的"创客协会""智能机器人协会"等学生组织融入到宿舍社区的科技创新中，引领青年教师、专家支持并参与菊苑3栋的项目。前期，菊苑3栋"五室一站"和中山大学、华南理工大学、广东工业大学等高校的青年教师、学生开展合作并取得一定经验，同企业也有合作，机械与电气工程学院已经与广州粤嵌通信科技股份有限公司签订合作协议，成立了创业基地。

此外，"弘扬人心向学传统，建设科技创新风采"不仅是理工科专业学生的领域，也是打造不同专业互相激发的目标平台。通过班级建设座谈会、团日活动评比、党支部建设和"爱体育，懂艺术"人才培养计划，让不同专业的学生都亲身参与"人心向学，科技创新"活动，发展个人的创造力，激发学生的创作与创意热情。

五、活动过程

（一）"团结凝集，共同发展"班干座谈会

2019年4月12日，菊苑3栋"五室一站"邀请2018级辅导员冯荣光老师给机械与电气工程学院2018级班干部分享工作经验；让有丰富经验的2016级班干部传授经验和心得；让2018级班干部相互交谈讨论怎样做好工作，例如怎样争取标兵班、搞好

团日活动等；再由创客的谢树浩给 2018 级班干部分享经验和心得体会。

通过这次班干座谈会，充分调动了班干部们的积极性，用师生的经验让各班班干部们更好和更高效地应对工作、学习和生活，让他们更好地了解该做什么，该如何建设好一个班集体等。

（二）"活力在基层"团日活动评比

2019 年 5 月 14 日，机械与电气工程学院团委副书记蔡澍浩在活动开始评比前发言，紧接着曾经获奖的班级派代表上台分享，然后校团委组织部马明栋老师分享了其访学时清华大学的团日活动是如何开展的。最后，2018 级辅导员冯荣光老师就这次活动进行了总结和精彩点评。

通过本次团日活动评比，加强了 2018 级各班的集体凝聚力，让班里的同学更加和谐相处，加深了同学之间的感情以及班级荣誉感，让各班级充分了解团日活动的重要意义，提高对团日活动的重视程度。此次活动评比也是为了鼓励各班级学习其他班级的优秀团日活动，不断完善自我，让团日活动能够更好地发挥作用。

（三）联合菊苑 3 栋各学院学生党支部共创美好宿舍楼栋

2019 年 2 月 26 日，张春良书记、吴德伟副书记、裴九雄主任、冯荣光老师、欧阳曦老师、王沁芳老师、楼栋学生党支部代表和菊苑 3 栋"五室一站"负责人举行会议并各自进行了如何建设美好楼栋的发言。讨论各学院党建活动形式、推优入党工作、入党积极分子培训与宣传等，让各学院之间互相学习从而不断完善机械与电气工程学院学生党建工作。张春良书记表示：全力支持菊苑 3 栋"五室一站"工作，建立和谐美好宿舍，为学生提供良好的学习、生活环境。

通过本次会议，加强了菊苑 3 栋各学院与"五室一站"的联系，让同学们积极地参与到楼栋建设里面来，动员党员带好头，做好表率的作用，努力为菊苑 3 栋营造一个良好的学习、生活氛围的宿舍楼栋。同时，作为第一次联合菊苑 3 栋各学院的党员会议，对以后开展楼栋学生学习红色经典、当代中国社会主义思想等工作具有重大意义。

（四）"爱体育，懂艺术"人才培养

2019 年 11 月 1 日，菊苑 3 栋"五室一站"开展了环校荧光夜跑活动。校园跑开始前，"五室一站"的指导教师刘博财发言，刘老师主要介绍了"五室一站"的职能。然后每位参与者戴上荧光手环，分组赛跑。在本次活动结束后，所有的"五室一站"工作人员也开了一个短会总结这次活动的优缺点。

2019 年 11 月 2 日，继"爱体育"环校跑之后，菊苑 3 栋"五室一站"连续策划举办了"懂艺术"象棋比赛。这就是一场以棋交友、相互交流的活动，没有胜者为王，败者为寇之说，只有"败者"那股不服输的韧劲，值得学习。

（五）暑期三下乡社会实践服务

2019年7月9日，机械与电气工程学院学生党支部开展了以科技为主题的活动对促进学生素质全面和谐发展起到了推波助澜的作用。大岭学校三下乡的教学活动，不仅仅是科技作品智能小车、音频放大器、红绿灯的展示，还增强了同学们对大学生科技作品的兴趣，以及让更多的同学对科技知识有更深的了解。

本次三下乡活动也培养了学生党员学以致用、知行合一的能力，增强了学生党员的社会责任感，立足校园，服务社会，推动了"德才兼备，家国情怀"人才培养目标的充分达成。

六、活动效果

菊苑3栋"五室一站"通过一系列活动，宣传"人心向学，科技创新"理念，打造全面发展的学生社区文化。

以一楼的休闲康体室为出发点，开展文化长廊健身知识宣传、环校荧光夜跑，营造一种"爱体育"的氛围。以二楼的党团活动室为出发点，开展红色经典、党史国史、入党积极分子等与党团相关的活动，增强了学生党员的社会责任感，立足校园，推动"德才兼备，家国情怀"人才培养目标的充分达成。以三楼的心情驿站为出发点，开展活动室预约外借、国庆阅兵观看、每周六一起看电影系列活动、"懂艺术"象棋大赛等缓解同学们的紧张情绪，减小精神压力，劳逸结合提高学习效率，同时增加了同学们的课余娱乐活动，放松心情，有利于他们乐观心态的养成，培养同学们的艺术细胞，开发智力，锻炼人的毅力，修身养性，陶冶情操。以四楼的读书阅览室为出发点，开展暑期三下乡社会实践服务、书香传万里的捐书爱心公益活动，传递的不只是知识、快乐，更是一股温馨的暖流。以五、六楼的自习学习室为服务点，全天24小时开放，为同学们服务。

七、活动经验反思

第一，目前举办与科技相关活动较少，科技知识的宣传未能到位，机电特色较不突出。原因在于与社团科技交流少，没有重视科技知识宣传。

第二，本年度总活动数量太多，虽然参与者的反馈很好，但背后的工作人员过于辛苦。所以以后可以适当减少活动数量，以保证活动质量。

竹苑 5 栋 "五室一站" 工作案例
——以专业来引领，在实践中成长

计算机科学与网络工程学院　冯晖艳　胡鉴源　李小华

一、基本理念

为了让同学们在服务中成长自我，发挥计算机科学与网络工程学院的专业特色与专业素养，在广州大学学生处以及学院领导的大力支持下，计算机科学与网络工程学院竹苑 5 栋 "五室一站" 于 2017 年 4 月创建义修服务队（见图 1、图 2）。义修服务队的创立旨在为同学们和教师们解决有关电脑方面的各种问题。

图 1　义修服务队海报

图 2　义修服务值班岗成立

义修服务队的成立，旨在让同学们不再为一些电脑小问题困扰，更好地投入到学习生活中。2019年9月份开学以来，义修服务队顺利完成了新一届的招新工作，为今后的良好发展以及更好地服务大众打下了坚实基础。为了增长同学们的电脑知识，经过与联想公司多次洽谈与合作，义修服务队多次举办了红棉路摆摊活动以及维修电脑培训课程。

义修服务队是竹苑5栋"五室一站"的品牌，为了让学校的更多师生了解义修服务队，并更好地为师生提供义务修机服务，学院举行了摆摊活动来为大家更好地服务，摆摊吸引了很多教师和同学前来咨询解决电脑问题。不仅如此，义修服务队还与院团委实践部一起深入黄村社区，为大家提供志愿服务，得到了社区领导与群众的好评与支持。义修服务队的学生通过这样一个平台，充分利用自己的专业知识和基本技能，为广大师生解决电脑出现的各种问题，既培养了他们甘于奉献的精神，也践行了社会主义核心价值观，牢固树立全心全意为人民服务的宗旨。

二、要解决的问题

一方面是帮助广大师生解决电脑软硬件问题，另一方面是通过实践操作提高自身的专业素养。

三、预期目标

通过参加"一楼一特色"的活动，同学们不仅得以将课堂所学付诸实践，还提升了自身各方面的素质，如团队协作精神、实际操作能力、创新创业能力等。

四、方法设计

义修服务队自成立以来为众多师生提供服务，每周五晚上固定在竹苑5栋值班，每个月在红棉路摆摊一次。

2019年以来，一共值班45次，在红棉路摆摊12次，曾为1 350余名师生解决电脑上的疑难问题。

五、活动过程

义修服务队每周五晚在竹苑5栋二楼值班。每次值班都会有一组队员在值班室，在为别人修电脑的同时也学习电脑知识。能力强的队员为初入义修队的队员示范，把修电脑的技能传承下去，代代相传，让义修服务队越办越好。

图3 学生处教师莅临指导义修服务队相关工作　　图4 义修服务队日常值班

六、活动效果

逐步创设了竹苑5栋专业特色鲜明的楼栋品牌，义修服务队同学的专业素养得到实际提高。通过参加"一楼一特色"的活动，同学们不仅仅得以将课堂所学付诸实践，还提升了自身各方面的素质，如团队协作精神、实际操作能力、创新创业能力等。

目前开展的各项活动、各种讲座、电脑义修服务都极大地丰富了学生们的校园文化生活。不管是参与者，还是组织者，同学们都很有获得感和幸福感。这不仅促进了学生们高效地锻炼自己各方面的能力，还有助于学生提升自己的综合素质。

在"一楼一特色"的项目实施过程中，通过参与形式多样的活动，学生们从中得到了很多有益的收获，也锻炼了自己的综合素质。如以党员和入党积极分子牵头，在院领导的大力支持下推出了电脑义修服务队，这与计算机科学与网络工程学院的专业紧密相连，吸引了很多有兴趣的学生加入。义修服务队的学生通过这样一个平台，充分利用自己的专业知识和基本技能，为广大师生解决电脑出现的各种问题，既培养了他们甘于奉献的精神，也践行了社会主义核心价值观，有效树立公寓学生正确的世界观、人生观和价值观，牢固树立全心全意为人民服务的宗旨，把个人命运同国家、民族的命运联系在一起，自觉成长成才，全面发展，树立为祖国建设事业而努力奋斗的远大理想。

当义修服务队值班或者摆摊过程中遇到难以解决的问题时，可以在义修服务队内展开广泛的讨论，在集体中相互学习，一起成长。整个义修服务队集体是由不同学习能力和兴趣的学生组成，他们在广泛谈论问题的同时也潜移默化地形成了良好的集体学习氛围，这对培养学生个人的学习态度和习惯有着重要影响。在维修电脑的过程中也增强了学生们主动寻找信息的能力，重要的是这些能力的提升是个体难于实现的，只有在集体实践当中，在不断地思考摸索当中才能逐渐养成。通过实践项目，充分发挥"五室一站"在特色项目中的战斗堡垒作用，一般以高年级的党员学生带领低年级的学生组成"老带新"的队伍结构。展现党员的风采，用实际行动影响大学生，使大学生思想政治教育更有针对性，大大提高了党建工作的有效性，更具说服力，对文明公寓建设有着重要的参考意义，也有利于推进高校学生公寓党建工作。

七、活动反思

1. 扩大服务对象和范围

义修服务队成立近三年以来，在取得一定成效的同时，希望以后能开展服务范围更广、服务形式更多、服务类型更具体的活动，以便更好地向全校师生提供电脑软硬件服务，进一步创设更具有计算机科学与网络工程学院专业特色的公寓文化品牌。

2. 将学生工作与学生组织有效结合，充分发挥学生组织的示范带头作用

发挥学生公寓阵地优势，成立学生义修服务队，设置服务值班岗，让同学们有机会参与到公寓服务活动中来，不断提高自身的综合素质，对公寓内其他学生起到榜样引领作用。同时，创新工作载体，开展特色活动要牢牢以"一楼一特色"活动为依托，将思想教育活动、文化园区创建活动和安全教育等活动贯穿其中，不断加强活动的内容质量建设，不断探索工作的新思路和新模式。

3. 加强宣传，特色活动的开展注重线上、线下工作同步推进

当前，学生网络化生活已成为常态，学生对于网络的依赖程度非常高。要利用微信、微博、QQ等新媒体创新开展工作，做好宣传教育、活动开展及工作总结，增强活动的吸引力和影响力，拉近与学生的距离，推进学生公寓工作与时俱进。

第五篇　强心健体

梅苑3栋"五室一站"工作案例
——彰显教院优势,关爱心灵健康成长

教育学院 龚美

一、基本理念

进一步发挥教育学院"五室一站"的长效机制,彰显教育学院教育学和心理学两大学科优势,增加宿舍各项活动的专业性和趣味性,努力探索构建大学生宿舍生活区实践育人体系的新模式,教育学院全力把梅苑3栋"五室一站"建设成为一个师生情怀高涨、学科优势凸显的舍区。本着"关爱心灵"的建设理念,加强大学生身心健康教育,发挥宿舍在维护校园稳定,促进学分建设、党团建设的积极作用。

二、解决的问题和预期目标

梅苑3栋"心灵工作坊"是依托"五室一站心情驿站"建立的心理辅导工作室,结合了教育学院心理学领域专业特色和资源,开展一系列心理辅导项目。主要专注于解决大学生常见的心理困惑和烦恼,为他们提供一个放松、宣泄的场所。

以梅苑3栋为辐射中心,向在校大学生普及心理学常识,帮助他们运用理论知识建立健全认清自我、释放情绪的心理机制。并以此为契机,围绕教育学和心理学专业的特色,充分调动学生的主观能动性,拓展学生的学科视野,强化专业技能。心情驿站依托公寓建设探索大学生心理健康教育新模式,为心理系本科生及研究生探索出一条新的课外专业实践路径,丰富了心理学专业学生的心理治疗实践,增强了他们的心理分析能力。

三、方法设计和活动过程

"心灵工作坊"主要推出 5 个板块："宣泄角""曼陀罗绘画减压疗法""房树人""一人一故事"心理剧与"心理学电影"分享会。各个板块的具体意义和实施如下所示。

（一）宣泄角

1. 空间改造

将"心情驿站"阳台改造为"宣泄角"，布置和摆放相关用于情绪宣泄的小型用具，为有需要情绪宣泄的同学提供一个较为私密的宣泄空间。

2. 制作宣传手册

定期制作情绪管理宣传手册，为来访者普及情绪管理的相关知识和技巧。

3. 购置宣泄工具

包括"呐喊宣泄壶""人面公仔宣泄减压球""拳击速度球""宣泄梨球"等。

（二）曼陀罗绘画减压疗法

1. 概述

曼陀罗绘画减压疗法是用于舒缓内心冲突、消除负性情绪，甚至治愈精神疾病，最终获得人格成长和发展的减压方法。"曼陀罗"（圆轮）源自于佛教，心理学家荣格认为曼陀罗是自我及整体个性的核心，具有心理疗愈和自我成长的力量，并将其转化发展成曼陀罗绘画减压疗法。安静的房间里，通过指导，只用一张纸，一支笔，在圆形里作画，就能达到目的。

2. 可行性

以"绘画"这种艺术表达的心理治疗方法对场地和道具的要求低，操作方便，回报效果高，是拓展大学生心理健康教育途径的一次大胆尝试。也为本院学生提供了更多将心理学理论与实践结合的机会，能够充分调动普通学生参与的热情和智慧。

3. 实施过程

（1）准备阶段：准备曼陀罗图纸、彩色笔、音乐播放设备。播放舒缓音乐，缓解参与者压力，减少对曼陀罗治疗的排斥心理。

（2）绘画阶段：给予参与者足够的时间进行创作，画出心里的感受，不规定时间，不做任何指导性行为。

（3）分享阶段：绘画完成后，参与者讲解画作以及创作时心里的感受。

（4）点评阶段：治疗师点评画作，点评要积极向上，充满正能量，并引导参与者往好的方向想。

（5）总结记录阶段：参与者记录下日期和点评，之后每周或每月做一次曼陀罗治疗并记录且每隔一段时间画新的曼陀罗后再一起回顾和讨论之前的画作。

(三) 房树人

1. 概述

房树人绘画心理测验，简称 HTP，是目前国际上比较标准的一套心理投射法测验。通过画图者所画的房子、树和人，可以了解其潜意识的心态、情绪、性格、人际交往状态、家庭关系情况、心理能量等。房树人测验也可以拆分成：画房测验、画树测验、自画像测验三个部分。

HTP 测验是由美国心理学家 Buck（1948）率先在美国《临床心理学》杂志上系统论述。20 世纪 60 年代，日本引进了 HTP 测验并加以推广应用。学者们在临床实践中发现，分三次描绘三张图形对被测者的心理压力较大，尤其不适用于那些精力不足、情感淡漠、注意力不集中的精神病患者。于是将房子、树、人三项合画于一张纸之中，不仅可大大减轻被测者的负担，扩大测验对象，提高成功率，而且能简捷有效地探测被测者的人格特征。这就是统合型 HIP 测验——Synthetic House - Tree - Person Technique。

2. 可行性

该测验既可以用于群体测验，又可以用于个体测验，对场地和道具的要求低，操作方便，辅导效果较好，是将理论应用于社区心理健康教育的大胆尝试，为本院学生提供了更多将心理学理论与实践结合的机会，能够充分调动普通学生参与的热情和智慧。

3. 实施过程

（1）首先由引导者向参与者简要介绍"房树人"绘画心理测验的作用、适用对象和操作流程。

（2）然后引导者基于提供的工具和场地集中讲解"房树人"绘画过程中的注意事项。

（3）接着参与者有 15 到 20 分钟的时间进行"房树人"的绘画，绘画结束后由专业教师对参与者的作品进行一对一的辅导分析，以期在解读对话的过程中引起参与者自我感知，提高自我认识。

（4）在"房树人"群体辅导活动结束后，对于仍有意愿进一步自我探索的参与者，专业教师继续陪同参与者进行内心的对话，努力同参与者在其绘画世界中进行更加深入地体验。其间将给予高度共情，同时在必要的情况下给出建议性、隐喻性或提问性的诠释。

(四) "一人一故事"心理剧

1. 概述

"一人一故事剧场"（Playback Theatre），是一种即兴剧场，隶属于心理剧疗法，它能够促进人的内在成长，具有强大而温和的心理疗愈作用。在剧场里，观众分享自己的故事和感受，演员在聆听观众的故事之后以话剧的形式实时再现这些故事和经验来回赠观众。通过说故事和演故事，观众和演员之间形成共鸣和理解，以往独自承受的痛苦和故事在剧场的群体中被充分地倾听、理解和尊重。

2．可行性

（1）团队支撑。

教育学院艺术团语言演绎队（剧社）已成立多年，其成员具有一定表演基础和经验，且都具有心理学知识背景，为剧场演绎奠定了团队建设基础。

（2）经验基础。

"一人一故事剧场"在北京、上海、广州、深圳等9个城市都有专门的心理学背景的剧团。在广州，"一人一故事剧场"在高校、中小学和社会各个群体，为学生、工伤康复者、癌症患儿、外来工子弟等进行过演出，为学校实践提供了丰富的参考。

3．实施过程

（1）准备阶段：依托艺术团组建项目团队，完成道具以及场地准备，建立组织结构、划分基本权责、日常运作以及规章制度。

（2）培训阶段：邀请专业教师对项目人员进行系统培训，领悟"一人一故事剧场"的精神和操作方法，包括：无条件积极接纳、尊重、聆听等核心要义以及艺术、仪式、群体对话等要素。

（3）院内试演：院内小试牛刀，积累经验及时调整。

①"破冰"——暖场；领航员与观众互动交流，营造后续气氛；

②"说出你的故事"——分享；观众吐露心声，分享故事；

③"昨日重现"——我为你表演；演员和教师自由演绎，再现故事；

④"我知你心"——共鸣理解；你我连接，一起总结和释放。

（4）校内推广：积极宣传，包括利用微信、海报等，扩大校内的影响，定期举办，为广州大学学生提供一个安全温暖的心灵家园。

（5）反馈和完善：项目组织成员或参与者在活动过程的每一个阶段都可以将遇到的问题反馈，并及时调整。

（五）心理学电影分享会

1．概述

通过欣赏涉及心理学知识的优秀影片，开展观后分享会，解析电影情节，交流观影感受，传播心理学知识，帮助同学们走进内心世界，实现自我成长。

2．可行性

（1）便于操作。

只需准备电脑、投影仪、扬声器等必要的放映用具，由邀请嘉宾主持分享会即可。观影可随意参与交流与讨论。

（2）参与度高。

电影是大学生喜闻乐见的娱乐形式，而由艺术化的表现形式让心理学愈发神秘。分享会的形式有助于激发学生们强烈的好奇心和求知欲，参与度比较高。

3. 实施过程

（1）观看影片：可在党团活动室值班人员处拷贝影片，提前自行观看；也可在党团活动室预约，现场观看。

（2）填写分享会登记表。

（3）主办方组织讨论交流，邀请嘉宾做影评解析。

（4）总结与反馈。

①"心灵工作坊"变成教育学院乃至广州大学的心理健康教育舍区品牌；

②参与者能通过不同板块的活动理解自我、发现自我、释放自我，在与同学交往中正确传递自我，从而形成完善的人格，树立正确的自我意识；

③提高组织者的实践能力，在教育学院培养出一批心理剧团的优秀演员，巩固专业知识，拓宽专业视野；

④铸就持续有效的心理健康教育"生命力"，探索"悦纳自我与他人，艺术疗愈心灵"人本主义活动模式；紧系学科，渗透"人心向学"，形成"释心舒心愈心、自尊自信自爱"的学习教育体系。

四、活动效果

同学们的困惑得以关注，情绪得以宣泄，同时学习了心理健康知识，有效地促进自我心理建设。同时，心情驿站依托公寓建设探索大学生心理健康教育新模式，为心理系本科生及研究生探索出一条新的课外专业实践路径，丰富了心理学专业学生的心理治疗实践，增强了他们的心理分析能力。开展的曼陀罗绘画减压活动、"房树人"和"一人一故事"的公演受到学生的认可和支持。

五、活动经验反思

教育学院将不断创新活动形式，挖掘多样化、普适性特色活动，为学生的心理健康教育不断努力。在未来的"五室一站"建设中，教育学院将不忘初心，继续前行，向着不断增进大学生心理健康教育的目标奋进，为大学生营造一个温馨舒适，释放心灵的舍区。

菊苑 5 栋 "五室一站" 工作案例
——"生命因运动而精彩" 健康运动拓展营

体育学院　刘忠彪

一、基本理念

本项目围绕广州大学高水平大学建设要求和"德才兼备、家国情怀、视野开阔、爱体育、懂艺术、能力发展性强"的人才培养目标，发挥体育学院专业优势，从理论、体能、技能三方面，培养学生的体育兴趣。

（1）体育理论：一切体育运动的基础。通过学习和理解基础的体育理论，了解相关体育领域中的历史经验和现实经验，学习国内外先进的经验和研究成果，提高个人的知识底蕴。

（2）体能：运动员的素质水平。提高整体的身体素质，促进人体心理、生理健康和对社会环境的适应，让学生更好地学习、领悟、运用运动技能。

（3）技能：不断对体育技能的基础练习，提高对技能的熟悉程度，从而更好地认知和运用体育技能。

通过朋辈相互学习，更好地促进学生学习体育，了解体育，从而进行健康运动、科学健身，提高自身的身体素质，促进自身的全面发展。

二、要解决的问题

（1）使学生树立对体育锻炼的正确认识，在采取措施引导学生进行体育锻炼的过程中，加大宣传体育锻炼的力度，使体育锻炼能够促进身体健康的理念得到更加广泛的传播，使学生真正明白，参加体育锻炼，不仅关系到自己目前的身体健康，并通过长时间的体育锻炼养成良好的生活和作息习惯。

（2）持续保障学生参与体育锻炼的热情，在参加锻炼的学生中，很多学生都属于"三分钟热度"，无法做到坚持不懈，或者虽然经常参加锻炼，却不断在不同的锻炼项目中换来换去。面对这样的情况，"五室一站"给予长期坚持锻炼的学生进行劝导和帮助，坚定其长期坚持下去的决心；其次对学生进行科学的指导，使之在锻炼的过程中真正体会到体育锻炼的作用和乐趣，真正享受这一过程。

（3）建设更加优秀的锻炼环境，根据学生的体育锻炼需求，"五室一站"将现有的体育项目和内容的设置进行整改，丰富学校的课余体育建设，同时学校针对学生每天开放休闲康体室，并定期开展活动让学生充分享受锻炼的乐趣。

三、预期目标和方法设计

（1）参与目标：激发同学们对运动的兴趣，形成自觉锻炼的习惯，从而积极活跃地参与到菊苑5栋"五室一站"的特色活动中去。

（2）技能目标：熟练并掌握两项以上健身运动基本方法和技能，能科学地进行体育锻炼，提高自身的运动能力。

（3）身体健康目标：能测试和评价体质健康状况，掌握全面发展体能的知识和方法，具有健康的体魄。

（4）社会适应目标：表现出良好的体育道德和合作精神，正确处理竞争与合作的关系。

四、活动过程的完整叙述

菊苑5栋"五室一站"紧紧围绕"一楼一特色""德育进公寓"以及学校学生思想政治教育"五大工程"，面向菊苑5栋学生定期开展思想政治教育、党团组织活动、学业指导帮扶、校园文化建设、资助育人、心理健康教育等适合在学生公寓开展的活动。工作团队根据本楼栋的特点，策划和开展了形式多样、特色鲜明、具有较强的针对性和较好的育人功能的活动。全面丰富菊苑5栋学生公寓全体同学的公寓文明精神建设，实现学生公寓"设施功能齐全、环境清新优雅、生活丰富多彩、人际关系良好、宿舍安全文明"的建设目标，营造健康、文明的公寓文化氛围。

体育学院菊苑5栋"五室一站"的特色项目——"健康运动训练营"。依托"休闲康体室"以点带面，形成室内室外良好的健身氛围。

（一）室内活动

定期举办运动知识讲解，定期开展关于运动方面的讲座，如教学经验分享、训练方法交流、应急操作问题等。既激励同学们参与体能锻炼，帮助同学们增强体育锻炼的兴趣，使同学们积极参与体育锻炼，提高身体基础素质。又促进了整个楼栋学生之间的人际交流，提高了学生的交流与沟通技能，进而培养学生们礼貌待人、宽以待人的优秀品质。

2019年10月10日晚，体育学院红十字会在菊苑5栋"五室一站"的三楼进行了"菊苑5栋'五室一站'运动拓展营"——红十字会急救培训课的相关事项的讲解与实操培训。首先在CPR心肺复苏演示之前跟同学们讲解了心肺复苏的原理，在心肺复苏的训练中有一个重要的道具，就是假人——安妮。安妮是一个18岁的挪威女孩，在她溺水身亡被打捞上岸之后，人们发现她仍然面带微笑，她的父亲因为很疼爱她，而把她做成了雕像。后来，一名玩具生产大亨在做心肺复苏假人时考虑到女性假人更有亲和力，便仿造着安妮的雕像做出了一个模拟人。后来，这个模拟人就被广泛应用到心肺复苏的教学之中。

在心肺复苏的原理讲解完之后体育学院红十字会会长苏锐彬和副会长邓杰轮流演示了CPR技术，并在演示的过程中讲解了一些细节和原理。两位会长演示完后，轮到各位小部委轮番上手尝试心肺复苏，两位会长也在一旁指导并且指出其错误的地方（见图1）。在经过多次练习后，同学们基本上掌握了心肺复苏的要领，通过加强练习，熟练掌握这项技能。

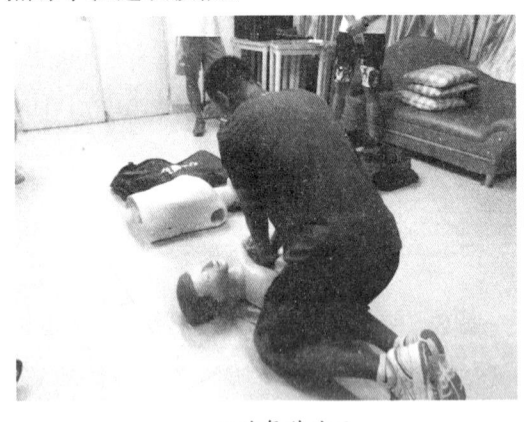 

a. 心肺复苏演示　　　　　　　　b. 心肺复苏练习

图1　红十字会急救培训课

（二）室外活动

开展一系列户外大型活动，帮助同学们强化体育基础，提高运动体能、体育技能和理论知识，增强学生对体育的兴趣爱好，通过相互交流、相互分享、相互学习，促进学生的表达能力、实践能力、组织能力。菊苑5栋大力推进体育游戏的活动开展，不定期开展与当前热点相结合的大型趣味运动，在活动的同时，能够让学生切身真实地理解理论知识与实践的差别，从而更好地学习理论知识。具体开展的活动有以下几个：

1. "菊苑 5 栋'五室一站'运动拓展营"——"极限杯"飞盘趣味赛

2019 年 5 月 25 号，菊苑 5 栋"五室一站"在北区田径场举行了紧张刺激的飞盘趣味赛，同学们都积极踊跃参加这次活动（见图 2）。尽管那天下着小雨，但是丝毫没有阻挡选手们的热情，他们风采依旧，充满着生机，展现着青春的活力。飞盘在选手们的手中传递，从选手们的手中飞向他们心中的宫格。每一次为团队而战都是光荣的，每一次成功都会收获无限喜悦。通过这次活动，不仅能够激发同学们锻炼的热情，促使他们在学习之余锻炼自己的身体素质，也能让他们体会到团队合作的精神。

a. 获奖选手合影

b. 趣味赛大合影

图 2 "极限杯"飞盘趣味赛

2. "菊苑 5 栋'五室一站'运动拓展营"——欢乐拓展活动

2019 年 5 月 28 号下午，菊苑 5 栋"五室一站"顺利举行了宿舍欢乐拓展活动（见图 3）。在本次活动中，有转呼啦圈、抛水瓶、战场上的士兵等活动，选手们齐心协力、团结一致，乐在其中。选手们不仅在小小的游戏中收获了喜爱的礼品，也增进了彼此的友情。在这次活动中，不仅有同学们的热情参与，更有背后工作人员的辛苦筹备。每一次的户外活动，都逐步激发了同学们锻炼的热情，提高了他们的身体基础素质。

a. 活动合影

b. 选手获得小礼品

图 3 欢乐拓展活动

3. "菊苑5栋'五室一站'运动拓展营"——趣味活动赛

让人期待已久的趣味活动赛在2019年11月9号正式拉开帷幕（见图4）！

参赛者齐聚一堂开始进行由菊苑5栋"五室一站"举办的活动赛，大家热情高涨，脸上洋溢着笑容，鼓励自己的队友，希望能以最好的姿态去面对每一次挑战。活动有四小场：夹传气球、扑克传粉、毽子趣味赛、倒传足球。每一个小比赛中，同组伙伴同心协力，共同完成比赛，充分体现了他们的团队合作精神。各小组在竞争中互帮互助，这是菊苑5栋"五室一站"举办趣味赛的意义所在，大家也获得了自己心仪的礼品。

图4　趣味活动赛

4. "菊苑5栋'五室一站'运动拓展营"——素质拓展活动

2019年11月16日，青马班与菊苑5栋"五室一站"的户外素质拓展活动在北区田径场如期举行（见图5）。青马班的成员们神采奕奕、生机勃勃，准备迎接挑战。这次拓展活动的内容有：无间道、无敌风火轮和双解码。队友们同心协力、互相鼓励，共同完成一个个艰难的任务，充分展现了团队精神。这次活动，能够培养参与者克服困难的毅力、健康的心理素质、积极进取的人生态度、敢于挑战自我极限的勇气和精诚合作的团队意识，也有利于参与者个人潜能的挖掘和团队精神的培养。

图 5　户外素质拓展活动

五、活动效果

（1）通过在菊苑 5 栋楼栋内宣传，大部分同学都了解这一个特色项目的存在以及项目的目的、意义、作用、项目内容、项目的主要活动，与此同时促使大家积极参与到菊苑 5 栋"五室一站"的特色项目中。

（2）有益于激发同学们的锻炼兴趣，帮助大家把体育锻炼培养成一种习惯，把体育锻炼融入到校园生活中。

（3）帮助同学们强化体育基础，提高运动体能、体育技能、理论知识，增强学生对体育的兴趣爱好，通过相互交流、相互分享、相互学习促进学生的表达能力、实践能力、组织能力。在运动的过程中增强了同学们的体质，使大家体验到锻炼的快乐，懂得锻炼的重要性。

（4）适当的体能类活动能够让同学们陶冶情操、保持健康积极的心态，充分发挥个体的积极性、创造性和主动性，从而增强自信心，使得个性在融洽的氛围中获得健康和谐的发展。

（5）体育锻炼中的集体项目和竞赛活动可以培养同学们的团结、协作及集体主义精神，同时增强学生的团队合作精神和竞争意识。

六、活动经验反思

（1）围绕广州大学人才培养目标，解决大学生最根本的体质下降问题，选择最适合大学生参与的课余文化活动，依托"休闲康体室"以点带面，为学生提供良好的健身氛围。

（2）菊苑5栋是男生宿舍，选择体育活动为特色项目，在以分享、交流、学习体育的环境下，激发男生爱运动爱表现的特点，更好地体现"以人为本"的人文关怀。

（3）项目的活动精彩刺激，同时有较多的游戏能带动学生参与到特色项目中，学习一定的体育知识，尝试参与体育运动，为终身体育运动奠定良好的基础。

（4）在以后的活动中让同学们更好地学习理论知识，进行实践操作，通过分享交流的形式，促进学生之间的沟通，形成良性循环。

（5）为更多的体育专业学生提供较好的实习平台，同时能够更好地帮助到身边的同学，让同学们体验助人为乐的幸福感，巩固从课本中学到的科学知识，让学生有更多的机会发挥自身优势，得到更好发展。

后　记

  习近平总书记在全国高校思想政治工作会议上强调：要坚持把立德树人作为中心环节，把思想政治工作贯穿教育教学全过程，实现全程育人、全方位育人，努力开创我国高等教育事业发展新局面。育人空间建设作为与党的教育方针相融合、与学校事业发展相融合、与专业教育体系相融合、与学生成长需求相融合的衔接阵地，以其生动现实的案例、不断拓展内容的多维度、与学生平等对话的形式走进了大学生的心里。因此，育人空间的打造理当成为目前教学和管理育人的必然选择，对于落实立德树人根本任务、提升人才培养质量、满足学生成长需求具有现实意义。同时，本案例集以广州大学"五室一站"（党团活动室、综合阅览室、互助学习室、专业辅导室、休闲康体室、心情驿站）第二课堂教学阵地为案例，探讨育人空间建设的最优工作模式，对发展和积累高等教育领域教学平台建设理论知识具有理论价值。各编委对这些案例进行了认真的审阅和编辑，最终形成此案例集，以学生社区"五室一站"的实践探索为例证，探索拓展"三全"育人空间的教学平台建设模式，让其成为学生教学的新平台，思政教育工作的新平台；让其成为学生学风建设的新抓手，服务学生成长成才的"学生之家"；让其成为教学与管理育人的新阵地，助力"三全"育人格局的形成，实现立德树人的使命。

  本案例集的出版得到了各学院和相关部门的大力支持与帮助。在此，对支持我们工作的各位领导、各位教师和朋友们表示衷心的感谢！

编委会

2020 年 4 月